ニートの歩き方

お金がなくても
楽しく暮らすための
インターネット活用法

pha《ファ》

技術評論社

はじめに

人間は働くために生きているのか

だるい。めんどくさい。働きたくない。

小さな頃からずっとそう思っていた。「働かないと生きていけない」ということにどうしても納得がいかなかった。

みんなそれが当たり前だって言うけれど、確かにそうなのかもしれないけど、でもそんなはずはない、というか、それだと嫌だ。学校に行くのも会社に行くのもだるいし、人と会ったり話したりするのは面倒臭いし、毎日満員電車になんか乗りたくない。人生ってそんなどうしようもないクソゲーなんだろうか。いや、毎日寝たいだけ寝ていても生きていける道がどこかにあるはずだ、と理由もなく強く信じていた。

今33歳の僕は、28歳のときに「インターネットさえあればニートでも楽しく生きられるんじゃないか？」と思い立って会社員を辞めて、それからはずっと定職に就かずにぶらぶらと暮らしている。

働いていたときに貯めていた貯金は二年で尽きて、今はネット経由で得られる僅かな収入を頼りにして暮らしている。金銭的にはギリギリなんだけど、それでもネットがあればお金がなくても楽しいことはたくさんあって退屈はしないし、生活に必要なものは買わなくてもネットで結構もらえたりするし、ネットを通じて知り合った友達や知り合いもたくさんいるし、それなりに生活に満足している。これ以上他に人生でしたいこともそれほどないし、ずっとこんな暮らしが続けばいいなと思っている。

この本は、かつての僕と同じように「人間はちゃんと会社に勤めて真面目に働いて結婚して幸せな家庭を作るのが当たり前の生き方だ」という社会のルールにうまく適応できなくてしんどい思いをしている人が、いろんな生き方があると知ることで少しでも楽になればいいな、と思って書いたものだ。

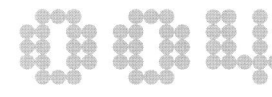

僕はもともとはブログ（http://d.hatena.ne.jp/pha/）で「働きたくない」「仕事嫌だ」っていう内容の文章をひたすら書いていたんだけど、そしたらネットで話題になって、

ニートとして取材を受けたり人前で喋ったりするようになって、そんな流れでついには本を出すことになってしまった。人間何がどうなるか分からない。

この本では、僕がどんな風にネットを利用して暮らしているかや、僕がニートや労働について考えていることや、僕がニート生活の中で学んだことなどを伝えていきたい。それは生きていくための具体的なスキルの話でもあるし、社会を把握するための知識の枠組みの話でもある。この本がある種の生き方の参考として、今困っている誰かの助けになればいいなと思う。情報や知識というのは武器だ。どんなに高性能のマシンを持っていても使い方を知らないと何の役にも立たないし、何かを知るだけで自分の周りの世界は変わることがある。

いろんなことを諦めよう

人間は本来、会社に勤めなくてもあんまりお金がなくても、いくらでも楽しいことをできるはずだ。こんなに技術が発達して価値観が多様化した世の中で、固定した生き方に縛られる必要はない。

世間体だとか、一般的に「これをするべきだ」と決められていることなんか気にせずに、本当に自分が欲しがっているものだけ手に入れればいいのだ。人生は有限だから全てを選ぶことはできない。自分に本当に大切なこと以外は諦めるのが大事だ。いろんなことを諦めると人生はわりと楽になる。

ただ、最初に言っておきたいのは、この本に載っているのは「働かなくてもアフィリエイトで月収五十万円！」みたいな景気の良い話ではない。そんなうまい話はやっぱりあんまりない。基本的には「一般的な生き方のレールから外れても、ものすごいダメ人間でも、なんとかギリギリ死なない」というくらいのところを想定している。

実際僕の生き方にしたって、時間だけは腐るほどあって毎日ゴロゴロと寝て暮らしているけれど、お金はあんまりないし、将来のことも全く考えていない。僕はそもそも興味がないのでかまわないけど、ニートだと結婚したり子供を育てたり家を買ったり車を買ったりすることは諦めないといけないだろう。高級な飲食店で飲み食いしたり高級な店で買い物したりするのも難しいし、ヨーロッパやアフリカに旅行したりもできないだろう。

しかも、僕はたまたまうまくいっているほうだけど、他の人がみんな僕と同じように生きられるわけでもない。多分、大多数の人は僕の送っている生活よりも普通に働いていたほうが幸せで安心な生活だと感じるんじゃないだろうか。

僕だってみんなニートになればいいと思っているわけじゃない。普通に会社に通って働いていて満足できる人はそれでいい。人はそれぞれ自分に合っている居場所があるし、ニートにも社畜にも向き不向きがある。適材適所だ。

でも、僕と同じような、学校や会社や労働に苦痛を感じている世の中の少数派の人にとっては、この本に書いてある「あまり働かない生き方もありなんじゃないか」という考え方は、何かの生きていくヒントになるのではないかと思っている。実際にニートにならなくても、この社会で当然とされているルートがそれほど絶対的な唯一のものではないことを知れば、今感じている閉塞感に少し穴を開けられるんじゃないだろうか。

会社中心社会の終わり

この本のキーワードの一つは「閉塞感」だ。自分より若い十代や二十代の人を見ていても、先行きにあまり希望が持てずにどんよりしたものを感じている人が多いように感じる。

それも無理がないと思う。大人になって社会に出てやっていこうとしても、就職活動はハードだし、頑張ったとしても正社員の採用は少ない。ブラック企業しか働くところがなくてキツい労働や上司のモラハラで精神を病む人も多い。たとえ良い企業に就職できたとしても、十年後にその会社が倒産していない保証もない。ロクな仕事がないからといって一旦働くことから外れてしまうと、仕事をしていない期間が履歴書にあるということで再就職が難しかったりする。結婚したり子供を作ったり育てたりすることも昔に比べて難しくなった。年金制度も今の若者が老人になる頃にはどうなっているか分からない。あまり日本の未来を考えても、良いニュースは待っていなさそうだ。

しかし、それでも東南アジアの発展途上国なんかと比べてみると、やっぱり日本はまだまだ恵まれているほうだと思う。ごはんは美味しいし道路や水道や電気などのインフラは安定しているし、治安も良いし文化的にも豊かだし物もたくさんある。

じゃあなぜ、日本に生きる若者がこんなに生きづらさや閉塞感を感じているんだろう。それは多分、日本の経済がまだ成長している頃に作られたルールや価値観が生き残っていて、それがみんなを縛っているせいなんじゃないかと思う。

昔、まだ昭和だった頃、日本では会社が社会の中心だった。きちんとした会社の正社員になって終身雇用で定年まで真面目に勤め上げ、三十五年ローンで郊外にマイホームを買って暖かな家庭を築くのが理想的な幸福だと信じられていた。日本の経済は成長し続けていたし、当時流行った「一億総中流」というスローガンが象徴するように、国民みんなが中流階級だと思えた幸せな時代だった。

しかし現在ではそんな幻想は完全に壊れてしまった。

今は不景気で正社員になることさえ困難だし、一流とされている会社が突然倒産したりもする。身を粉にして働いて会社に自分を捧げても、会社はもう社員に幸せを保証してはくれない。会社に身を預けていれば安心だという時代は終わったのだ。

世間体は気にするな

僕の知り合いで、大学を卒業して新卒ですぐにある大きな会社に勤め、その半年後に自殺してしまった奴がいる。聞く話によると会社がとても厳しく、仕事もハードで家にもあまり帰れず、毎日いつも疲れていて、仕事についてずっと悩んでいたらしい。

(死んだ人の気持ちは分からないので、多分、だけど)その結果として、二十代前半の若さで彼は自らの命を断ってしまった。

僕はそれを聞いてすごく悲しくなったし、すごくもったいないと思った。仕事なんかで悩んで死ぬなんて本当に馬鹿馬鹿しい。死ぬくらいだったら無責任でも何でもいいから、全てを捨てて辞めて逃げればよかったのに。死なないこと以上に大事なことなんて人生にはない。

仕事なんて命に比べたらどうでもいい。人間は仕事のために生きてるわけじゃないし、仕事なんて人生を豊かにするための一つの手段にすぎないんだから。

人生なんて、天気の良い日にぶらぶら散歩して、美味しいごはんを食べてゆっくりと風呂にでも浸かればそれで幸せなものなんじゃないだろうか。

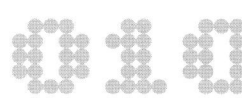

でも、会社という組織に属しているとその組織の雰囲気に縛られて、そういう人生の基本的なところを忘れてしまうことがある。ちゃんと働かなきゃいけない、真っ当に生きなきゃいけない、他人に迷惑をかけてはいけない、といった強迫観念がみんなを縛り付けているせいで、日本の自殺者は年間三万人もいるんじゃないだろうか。

日本人は周りにどう見られるかを気にして自分を犠牲にしすぎだと思う。もっと全体的に適当でいい加減になっていいし、それで社会が不便になるなら不便になってもいい。電車やバスが遅れまくったり停電がしょっちゅう起きたりコンビニが二十四時間営業じゃなくなっても、その分みんなが気楽に生きられるならそっちのほうが幸せなんじゃないだろうか。もっとみんなだらだらしよう。

世間体なんていう誰の評価か分からないものを気にするのはやめて、自分と趣味や価値観の合う仲間を作って、その中でゆるく生きていけばいい。お金とか地位とか名誉とかやりがいとかそんな大層なものがなくても、とりあえずの食べる物と、寝る場所と、暇を潰す手段と、あと友達さえいれば、人生なんてそれで十分だ。

あんまり先のことを考えすぎても仕方ない。十年後、二十年後にこの社会がどうなっているかなんて誰にも分からないし、また必要が迫ってから考えればいい。人間いつ何が起こって死ぬか分からないし、いつかは絶対に死ぬ。人生なんて死ぬまでの間をなんとかやり過ごせればそれでいい。

個人によるネットワークの時代

標準的な生き方なんて大体二十年か三十年くらいで変わってしまうものだ。今の世間で常識とされていることは、現在社会の中心にいる上の世代の人が若者の頃にできあがった一時的なものにすぎなかったりする。古い生き方や古い常識にとらわれることに意味はない。会社や国などの大きな組織や一般的な常識を信じていればなんとかなる時代は終わってしまったのだ。

けれど、その代わりに今の時代にはインターネットがある。ネットのおかげで、個人のレベルでできることがものすごく増えた。ネットがあれば組織に属さなくてもいくらでもいろんな人と出会うことができるし、テレビや新聞を通さなくてもいくらでも多くの人に向けて情報を発信できる。僕は集団行動が苦手で協調性がなくて、組織に所属するのがすごく苦手なので、ネットさえあれば一人で何でもできる今の時代に生まれて本当によかったと思っている。

僕の今の生活は9割くらいがインターネットに支えられている。ネットで友人を作り、ネットでお喋りをし、ネットの動画や文章やゲームで暇を潰して、ツイッターで日常の些細なことをつぶやいたり、ブログに文章を書いて遊んだり、サイトに広告を貼って小遣いを稼いだりしている。

ネットがあればお金を使わなくても無限に楽しいことができるし、友達を作ることもできるし、（少しコツがいるけど）収入を得ることもできる。組織に属さない個人でも、インターネットを使って知り合い同士のネットワークを広くゆるく維持していれば、わりといろんなことがなんとかなる。

でも別に、働くよりニートのほうがいいって言いたいわけじゃない。働きたい人は働けばいいし、働きたくない人は働かなければいい。ただ、一旦ニートになってもまた気が向けば仕事に復帰したり、働いていてもちょっと疲れたなと思ったら気軽にニートになったりするのが可能で、一時的にニートをやってても周りから咎められないような、むしろ周りからいろいろ助けてもらえるような、そんな社会が生きやすいんじゃないかと考えているだけだ。

みんなニートにならなくてもいいから、ニートじゃない人が「あんまり働かない生き方もありだな」と若干思ってくれるだけで、この社会はずいぶん生きやすくなるはずだ。働かなくてもそれほど後ろめたさを感じずに生きられるというのが本当に豊かな社会だと思う。

メキシコの漁師の生き方

ネット好きの人なら何回も目にしたことがあるかもしれないが、「メキシコ人の漁師」という有名な小話がある。

メキシコの田舎町。海岸に小さなボートが停泊していた。メキシコ人の漁師が小さな網に魚を獲ってきた。その魚はなんとも生きがいい。それを見たアメリカ人旅行者は、「素晴らしい魚だね。どれくらいの時間、漁をしていたの」と尋ねた。

すると漁師は「そんなに長い時間じゃないよ」と答えた。

旅行者が「もっと漁をしていたら、もっと魚が獲れたんだろうね。おしいなあ」と言うと、漁師は、自分と自分の家族が食べるにはこれで十分だと言った。

「それじゃあ、余った時間で一体何をするの」と旅行者が尋ねると、漁師は、「陽が高くなるまでゆっくり寝て、それから漁に出る。戻ってきたら子供と遊んで、女房とシエスタして。夜になったら友達と一杯やって、ギターを弾いて、歌を歌って……ああ、これでもう一日終わりだね」

すると旅行者は真面目な顔で漁師に向かってこう言った。

「ハーバード・ビジネス・スクールでＭＢＡを取得した人間として、きみにアドバイスしよう。いいかい、きみは毎日、もっと長い時間、漁をするべきだ。それで余った魚は売る。お金が貯まったら大きな漁船を買う。そうすると漁獲高は上がり、儲けも増える。その儲けで漁船を二隻、三隻と増やしていくんだ。やがて大漁船団ができるまでね。そうしたら仲介人に魚を売るのはやめだ。自前の水産品加工工場を建てて、そこに魚を入れる。その頃にはきみはこのちっぽけな村を出てメキシコシティに引っ越し、ロサンゼルス、ニューヨークへと進出していくだろう。きみはマンハッタンのオフィスビルから企業の指揮をとるんだ」

漁師は尋ねた。

「そうなるまでにどれくらいかかるのかね」

「二十年、いやおそらく二十五年でそこまでいくね」

「それからどうなるの」

「それから？ そのときは本当にすごいことになるよ」

と旅行者はにんまりと笑い、

「今度は株を売却して、きみは億万長者になるのさ」

「それで？」

「そうしたら引退して、海岸近くの小さな村に住んで、陽が高くなるまでゆっくり寝て、日中は釣りをしたり、子供と遊んだり、奥さんとシエスタして過ごして、夜になったら友達と一杯やって、ギターを弾いて、歌を歌って過ごすんだ。どうだい。素晴らしいだろう」

別にビジネスマンを目指す人がいたっていいんだけど、ほとんどの人は本当はビジネスマンではなく漁師のように生きられればそれで十分幸せなんじゃないだろうか。この本はメキシコの漁師のように生きるための本だ。

ニートの歩き方

目次

ニートの歩き方

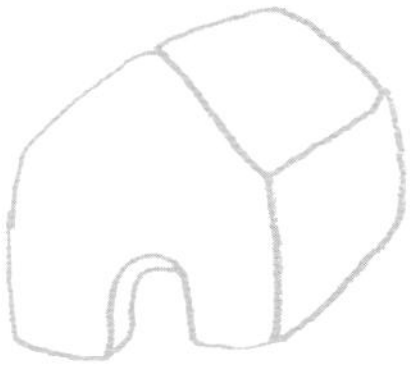

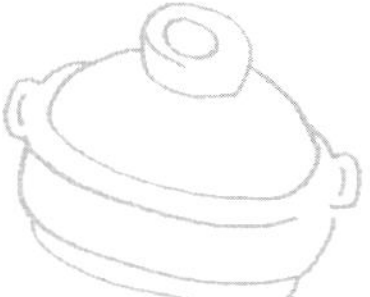

第3章 ニートの暮らしかた——ネット時代の節約生活法 163

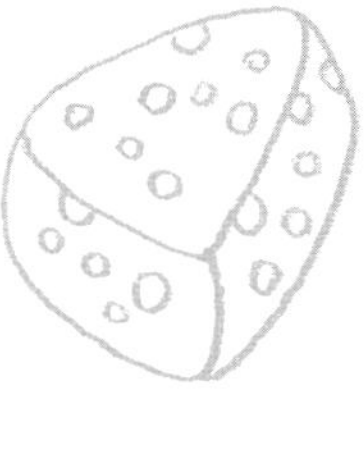

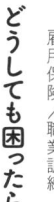

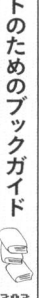

CONTENTS

第1章

ニートのネットワーク

→僕がニートになった理由

「ニート＝暇」「ニート＝孤独」じゃない

ふらふらしてて楽しいのは最初だけ？

働いていた会社を辞めるときに何人もの人に言われたのが「ふらふらしてて楽しいのは最初だけで、一ヵ月もしたらすぐに働きたくなるぞ」っていう言葉だ。

そんなことはない気がするけど、ひょっとしたらそんなものなのかもしれないな、と思って、そのときはそう言われるたびに「はあ」とか曖昧な返事をしていたのだけど、結局仕事を辞めて五年近く経つけど自発的に働きたいって思ったことは一度もなかった。なので「仕事をせずにいるとすぐに自分から働きたくなる」という俗説は嘘だと思う。それは多分、本当は働きたくないのに嫌々働いている人が自分を納得させるための言い訳なんだろう。

もう一つよく言われる言葉としては「仕事せずに食うメシはうまいか」「仕事の後のビールはうまい」というようなことなんだけど、これも、仕事しなくてもごはんはうまいしビールもうまい、と自信を持って言える。僕が働かないことに特に後ろめたさを持っていないからなんだろう。

というか、ごはんやビールは何もしなくてももともとうまいものだし、仕事をしているかどうかは全く関係ない。そんなところに労働とか倫理の問題を絡めるのはごはんやビールのうまさに失礼だと思う。

「若いのに働かずにぶらぶらしてるなんてもったいない」

「もっと何かやったらいいのに」

なんて言われたりもするけれど、自分の実感としては、自分にはこれしかできなかった、という感じだ。体力がないし責任感もないし、やっていることをすぐに放り出したくなる。人と喋るのが苦手だし、人と一緒にいるとすぐに疲れる。予定を守るのが苦手で、決まったスケジュールや締め切りが入っているだけで苦痛を感じる。朝起きれないし、夜寝付きが悪いので、毎日決まった時間に起きるというだけで魂が濁ってくる。

だから仕事をしていてもしんどいことばっかりだった。お金があんまりなくても毎日寝転んで暮らしているのが性に合っているし、将来の見通しはないけれど、今なんとか死なないだけで拾いものだと思っている。まあ、僕の人生はそういう人生なんだろう。

ニートの一日

ニートになってからよく聞かれるのは「毎日何してるの？」という質問だ。

そういうのって改めて聞かれると返答に困る質問だけど、特に毎日大したことは何もしていないので、「特に何もせずに毎日ゴロゴロしてる」と答えると、次には大体「退屈じゃない？」という質問が続く。

しかし特に退屈は感じていない。普通に生活をしているだけで一日が終わるというか、ごはんを食べたりマンガを読んだり昼寝をしたりインターネットをしたり、なんとなく過ごしているといつの間にか何日も過ぎている。自分のやりたいように生活をしていると普通に生活するだけで精一杯で働いている時間の余裕なんてない感じがする。

僕のよくある一日の例を紹介してみる。

○12：30　起床。起きてしばらくはぼーっとしている。
○13：00　半分眠ったままでインスタントコーヒーを飲みながら、パソコンでメールをチェックしたりツイッターやフェイスブックやチャットを見たりする。
○15：00　天気が良いので外に出て散歩する。図書館に行って本を借りる。
○16：00　スーパーで肉や野菜を買ってきて適当に料理して食べる。
○17：00　図書館で借りた本を読んだりインターネットを見たりする。
○20：00　夕食を適当に食べる。
○21：00　洗濯。風呂。
○22：00　シェアハウスの同居人と一緒にゲームをしたりテレビを観たりしてだらだら過ごす。一回読んだマンガをまた読み返したりする。
○24：00　ブログを書く。チャットで友達と会話する。猫と遊ぶ。
○2：00　夜の街を散歩したりコンビニに行ったりする。
○4：00　寝る。

川沿いをよく散歩する

と、大体こんな感じだ。
起きる時間は日によって変わるので、夕方に目が覚めて朝に眠りにつく、ということもよくある。僕は朝がとにかく苦手で、目が覚めてから二十分以内に話しかけてくる奴は全員敵だ、ってくらいに寝起きが悪いので、小さい頃から朝決まった時間に起きなくていいという生活が夢だった。なので、「毎日寝たいだけ寝ていられる」というだけで、今の生活は恵まれた生活だと思う。

ニートは孤独か?

次によく聞かれるのが「寂しくない?」という質問だ。

仕事をしていないと行く場所もなく会う人もなく、他人とのつながりを断たれて、ずっと一人で家にこもりきりだというイメージなんだろう。

しかしこれには自信を持って、全く寂しくない、と答えられる。むしろ仕事を辞めてからのほうが知り合いも友達も増えたくらいだ。

基本的に起きている時間の大部分はインターネットを見ているんだけど、ネットを見ればどんな時間でも知り合いや友達が何十人もそこにいる。そうした知り合いとチャットやツイッターやフェイスブックやブログで毎日喋ったりしているし、気が向いたらネット経由で「メシ食いに行こう」とか「ゲームやろう」とか誘って実際に会うこともしょっちゅうある。

ネットさえあれば遊び相手に困ることはない。ネットを見ていれば「明日代々木公園で無料のイベントがあるらしい」とか「渋谷のシェアハウスで飲み会があるらしい」とかそういう情報もたくさん回ってくるので、遊びに出かけるイベントにも不自由しない。

ネットだけではなく現実世界でも、僕はギークハウスと名付けたパソコンやネットが好きな人が集まって暮らすシェアハウスに住んでいるので、同居人や遊びに来る人

だらだらインターネットをする

たちと毎日顔を合わせたり喋ったりしている。家にいるだけでいろんな人が遊びに来てくれるので退屈しない。シェアハウスは一軒の家に何人かで住む共同生活なんだけど、プライバシーが全くないわけではなく、一人になりたくなったら自分の部屋にこもって、人と遊びたくなったらリビングに行く、といった感じで使い分けている。

学校に行っていたり会社に勤めていたときも毎日人に会っていたけど、そのときは特に好きでもない人や気の合わない人にも会って会話しないといけなかった。

僕は他人と長時間一緒にいると疲れるので、会社や学校に行っているときはそんなに親しくもない他人と一緒にいることで対人エネルギーを使い果たしてしまい、仕事が終わった後や休日には本当に会いたい人と会う気力が尽きてしまっていて悔しかったりした。それに比べると、今は本当に会いたい人にだけ対人エネルギーを使うことができるのでとても嬉しい。

僕がニートでありながらいろんな人とつながったり、なんとか楽しく生活を送れているのは９割くらいインターネットのおかげだ。もしもこの世にネットがなければ仕事を辞める決心はつかず、今でも嫌々ながら仕事のできないしょぼくれた会社員を続けているか、それとも完全に社会からはぐれてどこかで孤独に野垂れ死んでしまっていただろう。

この現代で会社やお金にできるだけ頼らず生きていくにはインターネットは必修科目だ。

ということで、「働いていた僕がいかにインターネットを活用してニートになったか」という話あたりから始めていきたい。

031　「ニート＝暇」「ニート＝孤独」じゃない

僕が仕事を辞めるまで

学校がとにかく嫌いだった

別に皮肉とかじゃなくて、毎日きちんと学校とか会社に行っている人って、本当にすごいなと思う。みんな（＝多くの人）はそれを誰でも普通にできる当たり前のことのようにこなしているけれど、僕にはしんどくて全然できなかった。

小さい頃から学校が嫌いだった。学校なんて行かずにずっと部屋で一人で本でも読んでいたかった。

何が嫌だったかって、そもそも毎日同じ時間に起きて同じ場所に行くというのが苦痛だったし、毎日何時間もの間、窮屈な椅子と机に身体を縛り付けられて拘束されるのがキツかった。人付き合いも苦手で他人と一緒にいても気まずい思いをすることが多く、友達もいなかったので学校に行きたい理由は全くなかった。

学校にいる人たちは全員が自分とは違う人種に思えた。なんでみんな当たり前のように、学校で楽しそうに友達と喋ったり、クラブ活動をしたり、真面目に授業を受けたり、文化祭や体育祭に一生懸命になったりできるのか分からなかった。どうやったらそういうことができるのかも分からなかったし、そんなにしたいとも思わなかったし、そんな意味の分からない施設に自分が通わなければいけない理由も理解できなかった。義務教育って何のために必要なんだろう、と思っていた。

しかし学校を辞めて働くのはもっと嫌だったし、小学校↓中学校↓高校という一般的なレールから外れた生き方ができるほどの行動力もやりたいこともお金も人脈も当時の僕にはなかったので、とりあえずは嫌々ながら学校に通って、学校にいる時間の大部分を寝ているか本を読んでいるかでごまかしていた。

そんな風にして小学校から高校までをやり過ごしたのが僕の少年時代だった。あまり楽しいことがなかったせいか、20歳くらいまでの記憶は断片的にしかなくてあまり覚えていない。

高校を出た後は、京都大学といういわゆる一流大学に入ったのだけど、それは別に京大を卒業して良い企業に入ってバリバリ働きたいとかそういう理由ではなく、単に高校時代に友達もいなくてすることもなかったので、暇潰しにゲーム感覚でもくもくと受験勉強をやっていたら偏差値が上がってしまったというだけだった（あの頃に今のようなインターネットがあったら絶対ネット漬けになって京大とか入れなかっただろうし、ネトゲにハマって高校中退とかしていたんじゃないかと思う……。当時の僕には娯楽が本とスーパーファミコンとゲーセンくらいしかなかった）。

大学で特に勉強したいこともなく、入りたい学部もなかったので、総合人間学部という何をやるのかよく分からない学部に入った。やりたいこともないのでとりあえず大学に入って働くまでの期間を四年先に延ばすか、という感じだった。

大学出てからどうしよう

大学は高校までのように毎日授業に出る必要もなくて、出席しなくても単位を取れる授業がたくさんあったから、学校に拘束される時間は少なくて楽だった。

そして実家に住んでいるのが窮屈だったので、月に四千円くらいで住めるボロくて汚い寮に入った。それまでは喋るのが下手で友達を作るのがすごく苦手だったんだけど、寮には自分と同じような内向的なダメっぽい人がたくさんいて、なんとなく寮にずっといてゲームをしたり麻雀を打ったりしているうちに自然に遊ぶ仲間ができた。寮には学校に行かなかったり留年していたりするダメな学生が多かったので居心地が良かった。

でも大学の四年間なんてあっという間に過ぎるもので、すぐに卒業が近づいてきてまた進路の選択を迫られる。

京大に入ったまでは傍目にはエリートコースに見えるかもしれないけれど、机の上の勉強ができるだけでレールの上を進んで来られるのは大学入学までだ。そこから先も安定したレールに乗っていくには、コミュニケーション能力とかバイタリティとか技術力とか、普通に人間っぽい能力が必要になってくる。社交性もないし労働意欲もないし技術もない僕には、大学を出た後に行くあてはなかった。

あー、大学出てからどうしよう、働きたくないなあ。でも働かないと生きていけないらしいしなあ。毎朝決まった時間に起きて満員電車に乗るとか無理だし。みんなは「やってみればなんとかなるもんだ」とか言うけど、自分には無理な気がするんだよな。

でも行くあてもないしとりあえず就職する？　しかし就活やっても面接とか超苦手で落ちまくるしなあ。そもそもやりたい仕事が全くないし、労働なんて苦痛以外の何ものでもないし。みんななんであんなことができるんだろう。

大学時代はそんなことをうだうだ考え悩みながら、ゴミだらけの汚い寮でひたすら麻雀やゲームに明け暮れたり酒を飲んだりして現実逃避をしていた。

結局卒業を先延ばしするために二年休学して全部で六年間大学にいたんだけど、いい加減いつまでも大学生で居続けるのもキツくなってきたので、僕はダメ元で就職してみることにした。仕事なんて全然やりたくなかったけど、ひょっとしたらやってみたらできるのかもしれないし、無理だったらまあすぐに辞めればいい。

就活のときは給料とかはどうでもいいからできるだけ仕事をしなくてもよさそうな職場を探した。履歴書を出したり面接に行ったり落ちたりを何回か繰り返して、最終的になんとかある会社に潜り込んだ。

社内ニートの日々

計画どおりにその職場はかなり暇だった。一日二時間か三時間もあれば仕事は終わるし、あとはパソコンに向かって仕事をするふりをしながらインターネットでもしていればいい。いわゆる社内ニートというやつだった。

嘘みたいに恵まれた職場だったと思うんだけど、それでも僕には苦痛だった。仕事をしなくていいと言っても、毎朝決まった時間に起きて通勤ラッシュの時間帯に電車に乗って出勤しないといけないし、仕事はなくても一日八時間くらい椅子に座っていないといけない。別に仲が良いわけでもない職場の人と顔を合わせたり喋ったりするのもだるかった。

仕事が暇なのがバレると仕事を増やされるかもしれないので、ひたすら仕事をするふりをしながらパソコンでＷｉｎｄｏｗｓに付いているスパイダソリティアというトランプゲームをやっていた。あの職場で何千回スパイダソリティアをプレイしただろうか。一日中延々とマウスをカチカチやりながら画面上のカードを並べ続けているとだんだん頭が麻痺してきた。

安定した職場、というやつではあった。ずっと仕事がない暇な状態が続くかは分からなかったけど、仕事ができなくてもとりあえず真面目なふりをしていればクビにはならなさそうだった。問題でも起こさなければそのまま定年まで終身雇用も可能だっただろう。しかしそんなビジョンは全く魅力的じゃなかった。

定年退職まであと三十年以上も、週に五日も決まった時間に起きて満員電車に乗り込んで通勤して、毎日無気力にスパイダソリティアをプレイするという生活を続けるのだろうか。それはちょっと、気が狂いそうだ。

仕事をしているのは一日二、三時間でよくても、仕事の内容には全く興味が持てなかったので作業するのが嫌で仕方がなかった。なんでこんなに自分にとってどうでもよいことに集中力を使わないといけないんだろう。お金を得るためには魂を売り飛ばさないといけないのだろうか、と毎日考えていた。

天気の良い日にオフィスにこもっていないといけないのも苦痛だった。こんな日は外を散歩したり公園で寝転がったりしていたい。でも仕事があるから出勤しないといけない。風邪を引いたら一週間くらい寝込んでいたいんだけど仕事をしているとそんなに長く休むわけにもいかない。

せっかく生まれたんだから世界のいろんな場所に旅行したりしてみたいんだけど、次に長期の休みが取れるのはいつだろうか。有給休暇を使ってもせいぜい年に一回二週間の休みくらいが限度だった。次に一ヵ月間仕事を休んで旅行に行けるのは定年後しかないのか。そんな老いて体に自由が効かなくなってから自由時間を得ても意味がないんじゃないだろうか。

国内海外を含めていろんな都市に住んでみたいけど、この職場に定年まで勤めていると違う都市に引っ越すこともあと三十年以上不可能なのか。そうして迎えた老後の生活は確かに安定しているかもしれない。でも老後の安定のために働いたとして、40歳か50歳くらいで事故にでも遭って死んだら全く意味がないんじゃないか。

仕事を辞めると生活に何の保証もなくなる。日々の生活も維持できるか危ういし、病気になったときや事故に遭ったときや老後の生活の保証なんかも全くない。でも、毎日が全く楽しくない状態で、病気のときや老後のためにひたすら備えていても仕方がないんじゃないだろうか。

こんな人生は嫌だ。こんな状態で生きてても死んでるのと変わらない。何か他にもっと楽しく生きる方法があるはずだ。どこか別の場所に行きたい。なんでこんなに文明は発達しているのに人間はいまだに働かないといけないんだろう。でもみんなそれをやっているってことはそういうものなのか。それが人生なのか。いや、そんなことないだろう。何かあるはずだ。もしかしてないのか。ずっとこれが続くのか。

そんな風に悩んでいるときに出会ったのがインターネットだった。

ネットで得られる三つのもの

インターネットとの出会い

僕はもともと小説ばかり読んでいる文系の人間で、コンピュータとか苦手だと思っていたのでインターネットに興味を持つようになったのは結構遅くて、年齢で言うと21歳くらい、年号で言うとちょうど二〇〇〇年くらいだった。

最初は自分で書き込んだり情報を発信したりはせずに見ているばっかりで、有名なニュースサイトやテキストサイトを読んだり、興味のある分野の2ちゃんねるのスレッドを読んだりするくらいの利用度だったんだけど、二〇〇二年頃から自分でもウェブ日記を書くようになった（今のブログと同じようなものだけど当時はまだブログという言葉が一般的じゃなかった）。

自分で文章を書いてネットに公開してみると、遠くに住んでいる顔も知らない人がコメントを付けてくれたりして、それはとても楽しかった。僕は喋るのが苦手で、人と対面すると緊張したりうまく思っていることを説明できなかったりして人と仲良くなるのが下手だったんだけど、ネットだと相手を直接前にしないので緊張しないし、文章だと喋るのと違って言いたいことを何回も推敲できるので苦手意識を持たずにコミュニケーションすることができた。ネットでいろいろ書いたり喋ったりするのは楽しくて、そんな風にネットで遊んでいるうちにネット経由の友達や知り合いもたくさんできた。

そのうち二〇〇四年頃にはブログブームが起きたり、ミクシィやグリーなどのソーシャルネットワークサービスが登場してきたりして、どんどんインターネット上でのコミュニケーションのプラットフォームは整っていく。

しかしブログを書いたりミクシィを使ったりしているだけでは仕事を辞めるまでの決心はつかなかったと思う。僕が「ネットがあれば仕事を辞めてもなんとかなるだろ」と思うことができたのは、二〇〇七年に出会ったツイッターとプログラミングの二つの影響が大きい。

ツイッターの衝撃

ツイッターが最初登場したときはかなり戸惑った。百四十字までの短い文章しか書けないなんて、一体何を書いたらいいんだろうか。他の人のつぶやきがたくさん流れてくるけど、どう反応したらいいかも全然分からないし。このサービスよく分からないし流行らないんじゃないか、と思いながらも、ネットの知り合いがみんな使っているので一応試しに使ってみるという感じだった。

しかし使っているうちに、ツイッターはブログに比べてコミュニケーションの敷居が低くて人とつながりやすいサービスだということに気が付いてくる。「おはよう」「おはよう」とか「風邪引いた」「お大事にね」とか「ビール飲みたい」「飲みに行こう」とか、そんな短い日常的なやりとりをツイッター上でいろんな人と気軽に交わすようになっていた。

それはブログ時代にはないコミュニケーションだった。ブログを書くとなるとある程度の長文を書かないといけないけど、ツイッターではブログよりももっと日常の生活に近い何気ない会話ができたし、知らない面白そうな人に声をかけて仲良くなるの

ツイッターでその日の気分をつぶやくのは日課のようなもの

も気軽にできた。会社を辞めてニートになっても、ツイッターさえあれば孤独になったり社会から孤立したりすることなく、人と喋ったり遊んだりしていられるんじゃないだろうか、と僕は思った。

ツイッターのサービスが始まったのは二〇〇六年七月だけど、日本のネットユーザーの間で最初のブームが起きたのが二〇〇七年の春頃で、僕もその頃に使い始めた。二〇〇七年頃は日本のツイッターユーザーがまだまだ少なかったせいもあって、「ツイッターをやっている」というだけで相手を仲間だと思えて親近感を感じられるような時期だった。当時のことを思い出すと懐かしい。二〇一二年現在ではツイッターはユーザーが増えすぎて一般的なサービスになってしまい、そんな内輪のアットホームな雰囲気はなくなってしまったけれど。

初期のツイッターの主なユーザーや目立つユーザーはほとんど東京に住んでいて、しょっちゅうツイッター上で「今晩新宿で飲みましょう」とか「誰か渋谷で暇な人いませんか」といったやりとりが交わされていて、僕はそれを仕事中に見ながら、あー、東京楽しそうでうらやましいなー、仕事なんて辞めて東京行きたいなー、ってネット越しにすごく憧れていたのだった。

プログラミングとの出会い

プログラミングを始めたのも二〇〇七年、年齢は28歳のときだった。

もともとパソコンやプログラミングには全然詳しくなかったんだけど、二十代前半からネットが好きになってきたので、「プログラミングができればインターネットをもっと楽しめそうだ」という理由でプログラミングを身につけたいと思うようになっていた。だけど独学で勉強を始めてはうまくいかなくて挫折する、というのを何度か繰り返していた。

その何度目かのプログラミングへの挑戦を二〇〇七年にしてみたら、そのときにたまたま何かの歯車がうまく合って、勉強するのが楽しくて、簡単なウェブサービスなら作れるくらいになれたのだった。

　そのときにうまくいった理由は「こういうウェブサービスを作ってみたい」という、作るものがはっきりしていたのがよかったのだと思う。特に目標もなく「なんとなく技術を身につけたい」だけだと挫折してしまうことが多い。


　プログラミングで最初に作ったのが「村上春樹風に語るスレジェネレーター」という、村上春樹っぽい文章を自動生成するというジョークサイトで、これをブログで発表してみたら結構いろんな人に面白いって言ってもらえたのが嬉しかった。その好評に味を占めて、いろんな技術を勉強しながら「圧縮新聞」「訃報ドットコム」「ホッテントリメーカー」「EasyBotter」などいろんなウェブサービスを作っては公開していった（作ったものの一覧は http://pha22.net/ にあります）。

　そんなことをやっているうちに、こんな風にプログラミングでいろいろ作ってネットで公開したりしていたら、お金も稼げるようになるかもしれないし、毎日退屈もしなさそうだし、これは仕事を辞めても困らないんじゃないかなあ、と考え始めた。

ネットで得られる三つのもの

僕の心の中で、次の三つの条件を満たせたら仕事を辞めてもなんとかなるんじゃないか、という基準があった。その三つは「人とのつながり」「暇潰しにやること」「最低限のお金」だ。

■1．人とのつながり

ニートになって会社に行かなくなった場合、全く人とのつながりがなくなってしまって喋る相手も行く場所もなく、ずっと部屋にこもっているか公園でブランコでも漕いでるかしかない、という感じになったらそれはキツいだろうと思った。人と会っているとすぐ疲れて一人になりたくなるほうなんだけど、それでも人との交流が全くなくなってしまうのは怖かった。ニートでも最低限の他人とのつながりは必要だ。

でもこれは、インターネットにつながってツイッターやブログをやっていればなんとでもなりそうだ、と思えた。

僕はリアルでは人と話すのは苦手だったけどネットだと比較的簡単に知り合いを作

ることができたし、ネットには僕と同じようなリアルでのコミュニケーションは苦手だけどネットのカルチャーは好き、という人がたくさんいた。自分と気が合う仲間はリアルだとなかなか見つからないけど、ネットだったらいくらでも見つかるという実感があった。

■2.暇潰しにやること

ニート生活を考えたときに思ったのは、働いていてやらなければいけない仕事をたくさん抱えている状態も苦痛だけど、全くやることがなくて一日中手持ちぶさたなのもむなしくなってしまうだろうということだ。

散歩したりとか昼寝したりとか気ままにぶらぶら過ごすのは好きなんだけど、別にお金をもらう仕事じゃなくてもいいので、何かちょっとくらい生産したりアウトプットしたりするような作業があったほうが、多分毎日を楽しく過ごせる。そういう作業は人とのつながりを得ることにもつながるし。

僕はとりあえずインターネットさえあれば、ブログで記事を書いたりプログラミングでウェブサービスを作ったりして十年くらいは退屈せずに遊んでいられるだろうと思えたので、この点についても心配はなかった。

■３．最低限のお金

理不尽なことだけど、なんだかんだ言っても生きていくためにはある程度のお金が必要だ。

仕事を辞めた時点で、結構活発にブログを書いたりウェブサービスを公開したりしていたせいで、そこに貼った広告からの収入が月に五千円ほどあった。

それはまだまだ食べていくには遠い額だけど、もっとプログラミングを覚えて本格的にサイトを作ったりしたら、月に十数万、ひょっとしたら数十万くらい入ってくるんじゃないか？　まあ死なない程度にはなんとかなるだろう、と当時は考えていた。実際にはそこまでうまくはいかなくて、ネット経由で入る収入は今でも月に七、八万くらいだけど。

まあ仕事を辞めた時点で貯金が三百万くらいあったので、一年か二年くらいは働かなくても大丈夫だし、しばらくぶらぶらしよう、と思った。大人になってから何もしなくていい期間なんてそうそうあるもんじゃないし、とりあえずしばらくニート状態を楽しもう。事故に遭ったりとか病気になったりとか、何かヤバイことがあってもインターネットがあったら誰か助けてくれるんじゃないか、と楽観的に考えていた。それは今でもあまり変わらないけど。

ネットで遊ぶために東京へ

　そんなこんなでいろいろ考えた結果、「インターネットがあれば仕事を辞めてもなんとかなるだろう」という結論に至った僕は、ずっと嫌だった仕事をスパっと辞めて、そのとき住んでいた大阪を離れて東京に行くことにした。東京に向かったのはネットの面白そうな人と会ったり遊んだりするためだ。生まれてからはずっと関西にいたので東京には一度も住んだことがなかったけれど、ネット経由で東京の知り合いがたくさんいたので不安はなかった。

　退職届を書いて提出した瞬間は本当にスカッとした。もっと早くこうしていればよかった。インターネットに出会っていなかったとしても、どっちにしてもあのままずっと会社に勤め続けることは自分の性質的に無理だっただろう。仕事を辞めなくてもどこかで潰れていた。どうせ辞めるならできるだけ若いうちのほうがいい。人生引き際が肝心だ。

　辞めるにあたっては周りのいろんな人から「安定した職を捨てるなんて世間知らずだ」とか「仕事がつまらないとか言うのは甘えなのでもうちょっと我慢しろ」とか「仕事を辞めて老後はどうするんだ」とか言われたりしたけれど、全く心に響かなかった。

それは自分とは別の性質の、そんなに無理しなくても会社や仕事に適応できる性質を持った人のための言葉だと思った。先行きに対する不安は全くなくて、インターネットがあればなんとかなると信じていた。

　ニートになった僕はまず大きめの登山用のザックを買って、そこに一週間分くらいの着替えとノートパソコンとインターネットにつなぐためのモバイルルータを詰め込んで、青春18きっぷで鈍行列車に乗って東京を目指した。その後しばらくは、いろんなゲストハウスや安宿を転々とすることになる。二〇〇七年の夏のことだった。

ソーシャルネットとゆるいつながり

ソーシャルの時代とは

「ネットで得られる三つのもの」で「人とのつながり」「暇潰しにやること」「最低限のお金」の三つがあればニートでも生きていけると書いたけど、その三つの中でも一番大切なのは「人とのつながり」だと思う。結局「人とのつながり」が豊かで充実していれば、「暇潰しにやること」と「最低限のお金」は自然に後からついてくるものだからだ。

二〇一〇年頃からインターネットで流行りの言葉は「ソーシャル」だ。ツイッターやフェイスブックなどのソーシャル的なサービスが大流行したのを受けて、ソーシャルネットワークだとかソーシャルメディアだとかいう言葉を頻繁に聞くようになったし、いろんなウェブサービスにソーシャル的な要素が組み入れられるようになってきた。

ソーシャル的な要素とはどういうものかというと、大雑把に言うと「知らない偉い人が言っていることややっていることよりも、自分の知り合いが言っていることややっていることを重視する」という感じだ。ソーシャル、ソーシャルってカタカナで連呼していると胡散臭く感じるけど、その本質は結局「自分の周りの人とのつながりを大事にする」という昔から人間がやっている単純なことだ。

インターネットにおけるソーシャルブームというのは、ネットの中に人間が普段やっているようなリアルな日常的なコミュニケーションに近いものをそのまま持ち込めるようになったということでもある。このソーシャルブームは人間の基本的なコミュニケーションの欲求に基づいているものなので、一過性のブームではなくこれからのネットの基本となっていくだろう。

僕が「インターネットがあればニートでも生きていける」と思ったのも、ネットのソーシャル化が進んだことによってネットでのコミュニケーションコストが下がり、ネットさえあればどこの組織に属さないニートでも孤独にならずにいろんな人とつながっていくことができるようになったというのが大きな理由だ。

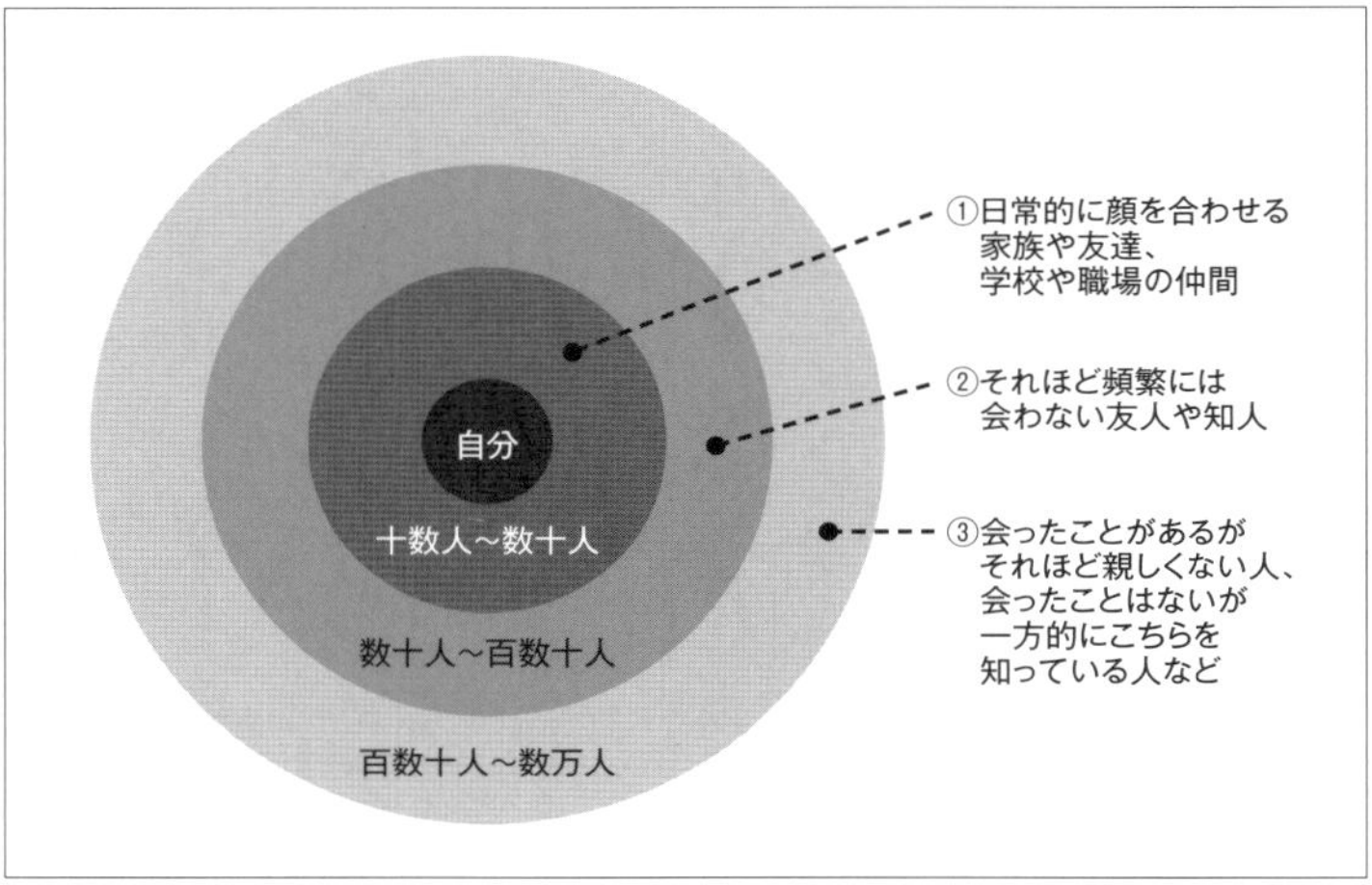

人間関係の同心円の図

人間関係の同心円

僕は人間関係というのは上のような同心円的な図になっていると考えている。

一番真ん中にいるのは自分だ。そしてその周りの①の部分には、普段から日常的に顔を合わせる十数人〜数十人の人が入る。多くの人にとっては家族や友達、学校や職場の仲間などが入ると思う。

①の部分の人との付き合いについては、それほどソーシャルネットワークによって変化していない。なんだかんだ言っても実際に顔を合わせて話すコミュニケーションが一番手っ取り早く

て効率的なので、ネットでのコミュニケーションはそれに比べれば劣る。その範囲ではネットはあくまで補助的なものにすぎない。

インターネットが本領を発揮するのは、①の外側にある②と③の人たち、つまり普段そんなに頻繁に会わない人たちと、ゆるく広くつながりを維持できるというところにある。

②の部分には、①以外の知り合い、そんなに普段からは会わなくて、会うのは一ヵ月に一回から数年に一回くらいの知人や友達が入る。会える機会があれば親しくしたいんだけど、住む場所が離れていたり行動パターンが違ったりしてそんなに頻繁には会ったり電話したりしない人たち。そういう知り合いはみんな数十人から百数十人くらいいるんじゃないかと思うんだけど、そういった人たちとゆるく広くコミュニケーションを維持するのにネットは一番力を発揮するのだ。

普段会わない人とつながりやすくなった

例を挙げてみよう。

例えば「今日の夜暇なんだけど、誰か一緒にごはん食べに行く人いないかな」と思ったとする。ネットを使わなければ、親しい何人かの知り合いに携帯メールでも送って誘ってみて、その人たちの都合が悪ければ諦める、という感じになるんじゃないかと思う。そういうときにツイッターやフェイスブックなどのソーシャルネットワークに「今日の夜に誰か一緒にごはん食べませんか?」ってメッセージを投げてみると、①と②の範囲に該当する数十人に、それとなく気軽に誘いをかけることができるのだ。

携帯メールを数十人に送るのはとても面倒臭いけど、ツイッターやフェイスブックなどを使えば数十人や数百人に向けて手軽にそれとなくメッセージを届けることができるのだ。送る相手が多ければそれだけ反応してくれる人がいる可能性は高くなる。

ごはんを食べる相手を探すだけじゃなくて、「子猫の引き取り手を探す」とか「共通の知人の近況を知りたい」とか、数百人の知り合いの中からちょうど話題が合う人を探してコミュニケーションするというマッチング能力において、インターネットはとても優れている。

直接会話をしなくても、ツイッターやフェイスブックを見ていれば、知人のつぶやきから近況がそれとなく伝わってくる。それを見て、誕生日に「おめでとう」って言ったり、悪いことがあったときに「元気出して」って言ったりするのが、とても手軽にできる。

ポイントは、頻繁に会ったり電話したりするほどじゃないゆるい知り合いと、それほどの手間をかけずにつながりを維持できるというところだ。インターネット以前はそういう人とのつながりを保つには、一人一人に電話をかけるか、年賀状や暑中見舞いでも送るか、同窓会みたいなわざわざ集まるイベントを企画したりするしかなかった。人間関係をコストで測ってしまうのは味気ないけど、やっぱり連絡を取るのに手間がかかると疎遠になってしまう。ネットで連絡を取る手間が最小限になったことで知人との結び付きは昔より豊かになった。

まあ、あくまでこれは「ゆるく広くつながりを保つ方法」であって、濃く付き合うためにはやっぱり個別に電話をかけたり会ったりする必要があるし、結局直接の会話が一番強いのは変わらないんだけど。

ソーシャルネットのマッチング力

③の部分には、会ったことはあるけど大してつながりがない人とか、会ったことがない人が入る。まあ簡単に言うと他人だ。ブログやツイッターの一方的な読者などで、こっちは向こうを知らないけれど向こうはこっちを知っている、というような人もここに入る。インターネットの面白いところは、そんなよく知らない人とも何かの拍子でつながったりするところだと思う。

僕が前に自転車が欲しかったときに「古くてボロくていいので自転車誰かくれませんか、取りに行くので」とツイッターに書き込んだことがある。

そうしたらそのツイート（つぶやき）がどんどんリツイート（気に入った発言をさらに広めること）されて何千人にも広まっていって、結局自転車をくれるって言ってくれた人が五人も集まった。そのうちの二人は知人だったけど、三人は全く会ったことも喋ったこともない人だった。さすがに五台ももらっても置く場所がないので、一台だけをもらって他はお礼だけ言って断った。その自転車は今も愛用している。

確率的に考えて、何千人か人間がいればその中に何人かは家に使っていない自転車

もらった自転車

を余らせている人がいるものだし、自転車なんて捨てるのにもお金がかかって面倒だから、取りに行くので引き取りたいって人がいたら知らない人でも結構タダで譲ってもらえるものなのだ。これがもしインターネットがなかったら、会う人会う人に「そういえば自転車余っていませんか」って聞いて回るしかなかったけど、それは面倒なので途中で諦めていたと思う。

　別に物をあげたりもらったりするのに限らず、「おすすめの飲食店を教えてもらう」とか「ゲームの攻略情報を聞く」とか、そういうちょっとした情報の交換をツイッターを通して知らない人との間ですることはよくある。インターネットによって広い範囲の人と手軽に情報の交換をすることが可能になって、個人の間で細かい需要と供給のマッチングができるようになったのだ。

リアルタイムさとオープンさ

そんな今みたいなコミュニケーションの形がインターネットで可能になったのは、ツイッターの影響がとても大きい。ツイッターが斬新だったところは、リアルタイムさとオープンさだ。

それまでのブログでのコミュニケーションは、例えばブログを書いたとしたら、そこにコメントやトラックバックが付いて、さらにそれにまたコメントやトラックバックで返事をする、という感じだったけれど、返事がくるまでに数時間から半日くらいのタイムラグがあった。なので「今晩ヒマ？ごはん食べに行かない？」というようなリアルタイムでのお喋り的なコミュニケーションには向かなかった。

リアルタイムで喋れる場所としてはチャットやメッセンジャーがあったけれど、チャットをするには特定のチャットルームに入らなければならないし、メッセンジャーでは知り合いとして登録した相手としか話せないので、ある程度限定された親しい人以外とは会話がしにくかった。

ツイッターはブログのようにオープンで、チャットのようにリアルタイムでコミュニケーションできる、というのがとても新しかった。だから、面白そうなことを話している知らない人に気軽に声をかけたり、不特定多数の人に向けて「暇な人誰か今から新宿で飲みませんか」なんて呼びかけるというような新しいコミュニケーションの形が可能になったのだ。

あと、ツイッターは「百四十文字しか書けない」という制限も良かった。ブログに慣れていると、最初はそんな短い文字数で何を書けばいいんだ？と思ったりするんだけど、「眠い」とか「会社行きたくない」とか「ラーメン食べた」とかそんな日常の些細なことを書けばそれでいいのだ。

人間は普段ちゃんとした長文で書くようなまとまったことをいつも考えているわけじゃない。日常的に考えていることや喋っていることの99％は「だるい」とか「おなか空いた」というような単純な感想なわけで、今までのインターネットではすくい取れなかったそんな素のつぶやきが、ツイッターによってネットにも持ち込まれたのだ。

別に自分だけじゃなくて、他の人の発言も軽いものばっかりなので全部真面目に読む必要はない。適当に流して読んで気になったものにだけ反応すればいい。真面目なことを書いてもいいし適当なことを書いてもいいし、ひとりごとを言ってもいいし他人と会話をしてもいいという、チャットとブログの中間くらいのコミュニケーションのゆるさが参加のハードルを下げて、それがツイッターの居心地の良さを作り出している。

オンラインとオフラインの区別がなくなった

ツイッターの発言の全てが軽くてどうでもいいものかというとそうではない。人によっては、真剣に考えているアイデアや、真剣に悩んでいることをツイッターで吐き出していたりもする。

ツイッターを見ればその人が一人でいるときに深く考えていることを知ることができる。今までにそんなことができる手段はなかった。結局僕らが現実世界で誰かに会うときに聞くことができるのは、目の前にいる相手に伝えることを意識した発言ばかりだけなんだけど、ツイッターを見るとよそ行きでない素のその人の考えを見ることができたりする（もちろんみんなツイッターでも隠していることはあるだろうけれど）。

ネットに慣れた人の間では、初対面の相手に会う前にその人のツイッターやブログを一通り過去の記事に遡ってチェックするという行為は定番だ。そうすれば一時間や二時間会って話すよりも、もっとディープに相手のことを知ることができる。

ネット経由で顔も知らない人に会うのってやっぱり不安もあるので、事前にある程度「相手が危険な人じゃないか」「自分と気が合わなさそうな人じゃないか」というのを判断できるというのは重要だ。最近はツイッターもブログもやっていない人に会うと、どうやって相手を理解したらいいのかよく分からなくて戸惑ってしまうくらいだ。

インターネットの人と会うことをオフ会と呼ぶのは、ネット上の活動がオンラインであるのに対してオフラインであるということを意味していた。しかしツイッターが登場したときに思ったのは「これはオンラインとオフラインの区別がなくなる」ということだった。それくらいツイッターは他人の生の日常をそのまま伝えてくれる。

ツイッターによってリアルとネットの境目が弱くなって、素の日常や素のコミュニケーションがネット上でも観測できるようになった。ネットさえつながっていればニートでもひきこもりでも、自分の部屋にいながらにして数百人や数千人と日常的な雑談をすることができる。

そうしたゆるくて広いネットワークを維持していれば、わりといろんなことがなんとかなるんじゃないかと思っている。

インターネットの恵みで生きる

ニートの生計

仕事を辞めてからしばらくは働いていたときの貯金を切り崩しながらのんびりと暮らしていたんだけど、貯金は二年くらいでなくなってしまって、そこから先はちょこちょことした収入源をいくつか回しながらなんとか生活している。

現在の収入源として主なものはブログやサイトに貼ったアフィリエイトからの収入だ。これは一旦設置すると、あとは放っておいても収入になるので楽だ。完全に放置するとアクセスが少しずつ減っていくのでときどき更新したり作り直したりしてやる必要があるけど。

あとはブックオフで買ってきた本をネットで売るという「せどり」をたまにやった

り、友達の仕事が忙しいときにちょっと手伝ったり、頼まれて雑誌に文章を書いたり、テレビや雑誌などの取材を受けたり、たまに単発のバイトをしたり、ブログの読者からカンパや支援物資をもらったりして、なんとか生活をやりくりしている。

ちょこちょこと小銭稼ぎはしているけど基本的にはあまり働かないようにしているので、大体毎年の年収は八十万円くらいだ。あんまりお金に余裕はないけど、もともとそんなに普段からお金を使わないほうだし、まあなんとかやっていけている。

シェアハウスの管理人をすることで家賃を安く済ませ、食事は自炊中心。服にはこだわりがないのでほとんど買わないし、買うときはユニクロなどが多い。服は人からもらったりもよくする。生活用品は百均で大体揃う。本は図書館で借りるかブックオフで買う。ゲームは友達に借りる。音楽はレンタルＣＤ屋で借りる。たまに旅行をするときは格安バスか青春18きっぷを使って、泊まるときはネットの知り合いの家に泊めてもらう。暇なときは考えごとをしながら家の近所を散歩したり、家であまり上手じゃないギターを練習したりしていれば退屈しない。

人と遊ぶときも、家で飲み会をやったりオフ会をやったりすることが多いのでお金はあまりかからない。誰かの家やシェアハウスで肉を焼いたり鍋を囲んだりしながら、

065　インターネットの恵みで生きる

発泡酒や安いワインを飲んでいればそれでわりと幸せだ。

もともとあまり物欲がないせいか今の生活に不満はない。本と音楽とネットとゲームと、あとたっぷりの時間があればお金がなくても大体楽しく過ごせる。


収入があって一応自活しているので厳密なニートじゃないと言われるかもしれない。でも、基本的には「できるだけ働かない」という行動原理で動いていて、何か仕事の話があっても「だるい」って言って断ることが多いし、毎日昼過ぎに起きて一日中ぼーっとネットを見たりゲームをやったりするという生活をしているので、まあニートみたいなもんだって言ってもいいんじゃないかと自分では思っている。

ゆくゆくは、完全に貯金とかに頼って本当に何もしなくていい完璧なニートになりたいと夢見ているけれど、今のところはそうなれる予定はない（この本が五百万部くらい売れて印税ニートになれないかな……）。

サイト作り編

僕はできるだけ毎日寝たいだけ寝て嫌なことをせずにある程度の収入を得られない

かということをずっと試行錯誤してきたので、その例をいくつか紹介してみる。向き不向きもあるし誰でも真似すれば同じようにできるわけではないけれど、何かのヒントになればいいと思う。

まず最初に試してみたのはサイト作りだった。サイトを作って広告を貼るというのをプログラムで自動化したり、自動的に更新するような感じにしておけば、一旦仕掛けを作ればあとは自分が何もしなくても自動的にお金が入ってくるんじゃないか？それを何百個も作ったら大金持ちじゃないか？って思ったのだ。

仕事を辞めようと思った時点では自分の作ったサイトからの月の収入は五千円くらいだったんだけど、それと同じものを二十個くらい作れば十万円、二百個作れば百万円稼げるんじゃないだろうか？

まあ実際にやってみると、人の集まるサイトを作るのは結構面倒臭いし、プログラムで自動的に大量にサイトを生成するようなのは検索エンジンから排除されて人が全然来なくなったりするし、プログラムで自動的に動かすって言ってもときどきメンテナンスは必要だし、いろいろ面倒臭くてそこまでうまい話でもなかったんだけど。

著者のブログ。ネットに文章を書くのは気づいたらもう十年くらい続けている

それでも今の主な収入はブログやサイトに貼った広告から得ている。会社で働くのは嫌いだったけど、一人でもくもくとブログに載せる文章を書いたり、プログラミングを使ってサイトを作ったりするのは、向いているのかそこそこ楽しくやれる。他人の注文を受けて作るわけじゃないから締め切りに追われてしんどい思いをすることもない。嫌になったらすぐに止められるし。

「お金を稼ぐために作業をする」というのがメインになると途端にやる気が萎えてしまうので、大体は自分の作りたいものを作ってそこにおまけ程度に広告を貼る、という感じなので、作業量のわりにはそれほど儲かっていない。普通にコンビニでバイトでもしていたほうが時給は良いだろう。

でも、こういうことをブログに書いたら面白いんじゃないか、とか、こういうサイトを公開したらどんな感想が返ってくるだろう、とか考えていると毎日退屈しないし、面白いアイデアを思いついた瞬間はむちゃくちゃ気持ちいい。パソコンとネットさえあればできるのでお金はあまりかからないし、たまにはお金をもらえることもあるわけで、暇潰しとしてはわりといいんじゃないかと思っている。

せどり編

次に始めたのはせどりだった。

せどりという言葉はもともとは「本の背を取る」という意味の「背取り」から来ているとも言われ、古本をどこかで買ってきて転売する商売のことだったんだけど、最近ではブックオフで安い本を仕入れてヤフーオークションやアマゾンマーケットプレイスで売るという行為を指すことが多い。最近のせどりは扱うものも本に限らずＣＤ、ＤＶＤ、ゲーム、フィギュア、パソコン、服、食品など、ネットで売れるものなら何でもありな感じになっているようだ。古本以外のものを売る人は転売屋と言われたりもする。

仕事を辞めてからの生活は、かねてから望んだとおりに好きな時間に寝て好きな時間に起きて、気が向いたときにブログを更新したりするくらいで他には何もしないというだらだらとした感じだったんだけど、暇なので毎日のように近所のブックオフに通っていた。ブックオフに行くというのはニートの重要な日課の一つだ。ブックオフに行くとタダでマンガを立ち読みし放題だし、百五円コーナーをこまめに掘っていると面白い本も結構見つかる。都会で無料で時間を潰せる場所の代表格は公園と図書館とブックオフだと思う。

そんな風に毎日ブックオフに通っていると、自分の好きな本で結構レアなやつが、安く売られているのを見つけることがときどきあった。その本の値段をネットで調べてみると、案の定プレミアが付いていてブックオフで売っている値段の五倍くらいになっている。試しにそれを買ってきてネットで売ると千円くらいの利益が出た。それをきっかけにして、そういうレア本をブックオフに通いがてらに仕入れてきて、ネットで売るということをするようになった。

せどりは元手があまり要らないし、オフィスも必要ないし、必要な作業は仕入れ・出品・発送くらいで一日の空いた時間を使ってできるので、手軽に始められる。ローリスクで始められてローリターンが得られるという商売だ。

ただ大規模にやろうとすると、近所のブックオフだけでは仕入れが足りず遠くのブックオフにも行かないといけないし、大量の在庫を保管する場所も必要になるので結構面倒臭い。僕はあんまり働きたくないので片手間にやっていたんだけど、一番せどりをやっていた頃は平均すると一日一、二時間の仕事量で月に四、五万くらいの収入にはなっていた。

せどりは時間の自由が効くし、人に会う必要がなく自宅で作業できるのがよかった。ブックオフに行くのは自分が気が向いたときだけでいいし、どっちみち暇だから毎日のようにブックオフに立ち読みをしに行くんだし。

ネットに出品する作業や発送する作業はわりと面倒だけど、そんなにたくさん働くわけじゃないし、人に会わずに家でパソコン相手にする作業ならそれほど苦痛じゃなかった。作業を休みたいときは休めるし、完全に自分のペースで仕事量を調整できるのもよかった。最近はだるくなったのであんまりやっていないんだけど、何かお金が必要になったりしたらまたこまめにブックオフを巡ると思う。

ただ、せどりは誰でも始めやすいので新規参入する人も多くて、どんどん出品されている本の相場が安くなっていき、年々稼げなくなっている感じはある。どんな商売も五年もすると状況が変わって同じやり方では稼げなくなってくるようだ。

インターネットという新しい自然

「サイト作り」にしろ「せどり」にせよ僕が続けられたのは、

○時間を自分の自由に使える

○人と会わなくていい

という二つの点を満たしていたからだった。

特に「人と会わなくていい」のは重要だ。僕は人と直接話したり挨拶したり質問したり交渉したり喧嘩したりするのが本当に苦手だ。まあ、たまにならいいんだけど。

もちろん、サイト作りにしろせどりにしろ、ネットを介した向こう側にはちゃんと人間がいる。実際に人がいて、その人がサイトを見に来てくれたり本を注文してくれることで、それが収入になっている。その点では普通の商売と全く変わりない。しかし、相手の人と直接コミュニケーションすることがないので、向こう側に人間がいるということをほとんど意識しないのだ。

感覚としては、人を相手に商売をしているのではなく、山に入っていって栗でも拾ってきているような感じだった。サイトを作って広告を貼ったら毎日ちょっとずつお金が入ってくるのは、川に罠を仕掛けて放置して、一日一回見に行くと魚が何匹か入っているようなものだ。ブックオフの本棚を巡ってレア本を探すのは山に入ってきのこ狩でもしている気分だ。風向きや天気からその日の収穫を予想するように、サイトのアクセス解析や広告の売上レポートをチェックしたりもしていた。

実際にはネットは人間が作ったもので、人間の活動の集合体ではあるんだけど、僕にとってはもうネット自体が人間から独立した一つの新しい自然として存在しているように思えた。

その新しい自然の生態系はとても複雑で豊かで、いろんなもの（植物や動物や虫など）が活発に活動して絡み合っていて、その中をこまめに見て回ればなんとか自分が食べる分くらいは拾ってこれる。

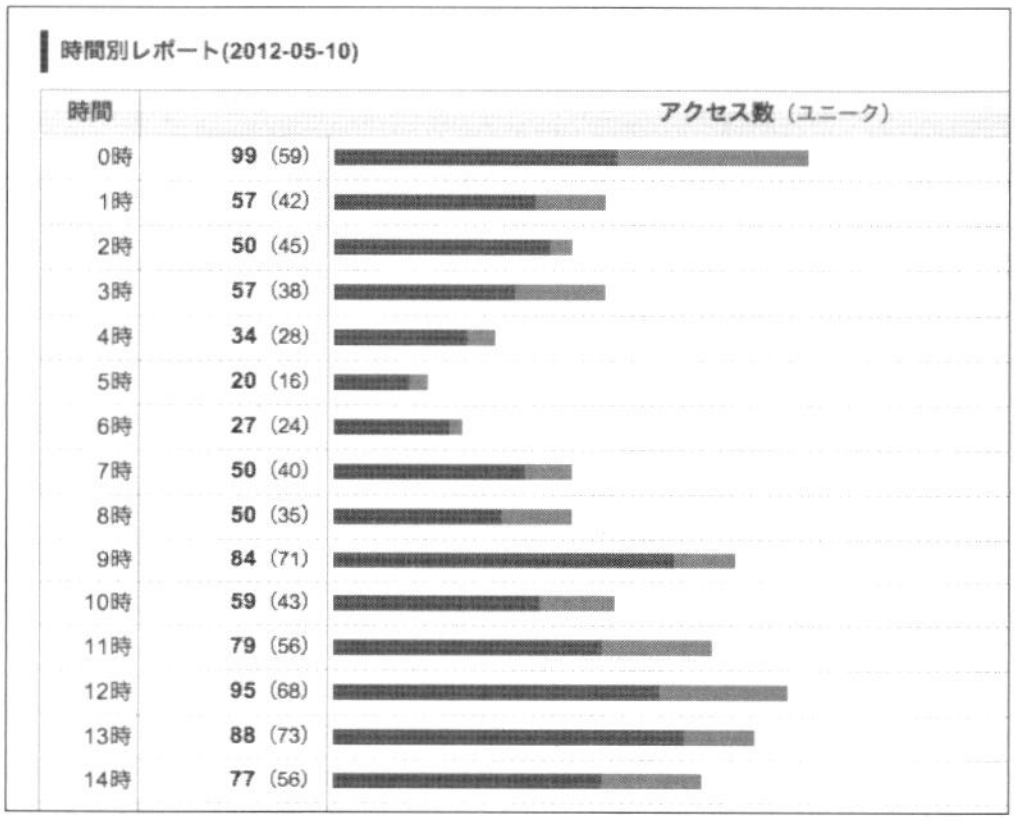

アクセス解析を毎日ちまちまとチェックするのは楽しい

そうやって直接人とコミュニケーションしなくてもお金を手に入れることができる、というのは僕にとってとても救いだった。

ここでは僕が知っている分野として「サイト作り」と「せどり」の二つを取り上げたけれど、それ以外にもネット経由でお金を稼げる方法はたくさんあると思うので興味のある人はいろいろ探してみるといいと思う（何か美味しい話があったら教えてください）。人や物がたくさん集まる場所にはいろんな食い扶持が落ちているものだ。そしてインターネットは一人で部屋にいながら人や物がたくさん集まる場所にアクセスできる、人類初めてのツールなのだ。

でもまあ、本当は何もしないでお金が入るのが一番いいんだけど。毎日ネットでエロ画像を見ているだけで誰か一日一万円くらいくれないだろうか。

CHAPTER _01_06

ネットでお金をもらった話

インターネットでお金をもらうということ

ネット経由で名前も顔も知らない人からときどきお金をもらっている。そう言うと驚かれることが多いけど、「今お金がなくてこんなに困っててヤバい」とか「こういうことをやりたいんだけどお金が足りないので誰かカンパしてください」ということを丁寧に説明すれば、結構もらえるものだ。一人あたりがくれる金額はそんなに多くなくて三百円〜千円くらいの場合が多いけど、それでも数を集めればそこそこの額になる。これは僕だけの話ではなく、ネット上でカンパを募集している人はよく見かける。ただし、個人のキャラクターや告知のうまさにも左右されるので、誰でも簡単にできるものではないけれど。

アマゾンのほしい物リストから送られてきた支援物資

募集方法としては、銀行口座やＰａｙＰａｌの口座の情報をネットに載せてそこからもらっている。お金以外にもアマゾンの「ほしい物リスト」を公開してそこから品物を送ってもらったりもしている。もらったお金と物の金額を合計するとニートになってからの五年間で四十万円くらいにはなっているだろうか。働いている人にとっては大した額じゃないかもしれないが、ニートにとってはかなり助かる金額だ。いろいろ送ってくださったみなさん、本当にありがとうございます。

一番カンパが盛り上がったのは台湾に行ったときだろうか。そのときは台湾で開催されるあるイベントに参加したかったのだけど航空券を買うお金がなかったので、ダメ元でネットでカンパを募集してみたら五万円ほど集まって、無事台湾に行くことができた。お金を送ってくれた人たちには帰国した後にお礼の手紙とささやかな台湾のお土産を郵送した。

あと面白かったのは風邪を引いたときに「熱が出てしんどくて寝込んでる」ってツイッターに書いたら、銀行口座に五千円が振り込まれていて、その振込人の名義が「オダイ　ジニ」となっていたことだ。「オダイ　ジニ」さんが誰なのかは今でも分からない。意外と知り合いだったりするのかもしれないけど。

少額を多数から集めるシステム

クラウドファンディングというネットサービスがある。「何かのプロジェクトに必要な経費を多数の人から少しずつカンパを募って集める」というもので、日本では「CAMPFIRE」「READY FOR?」などのサービスが運営されている。一人あたり数百円、数千円といった金額でも数十人、数百人から集めれば、数十万円、数百万円の金額になる。昔は少額のお金を多数から集めるのは手間がかかるだけで割が合わなかったけれど、ネットのおかげで伝達や広報のコストが低くなってそういったサービスが可能になっているのだ。

クラウドファンディングでは、支援をしてくれた人に金額に応じて「記念品をプレゼントする」とか「パーティーに招待する」などのリターンを返すという仕組みもあって、単にお金を集めるだけじゃなくそのプロジェクトを応援してくれるファンとの結び付きを強くするという効果もあるので、なかなかうまいことできている。

クラウドファンディングでいつも思い出すのは「日本人全員から一円ずつもらったら一億円になる」という話だ。日本人なら誰でも一度は考えたことがあるんじゃないだろうか。一円なんて落ちてても誰も拾わないくらいだからみんな気軽にくれそうだ。誰の財布にも負担をかけずに自分が金持ちになれる。まるで空中から金塊が湧いて出るような素晴らしいアイデアだ。

しかし、誰もが思いつくけれど成功した話はまだ聞いたことがない。実際に実行しようとすると「一億人にお金をくださいって伝える手段がない」「伝えることができたとしても銀行で一円を振り込むために三百円くらい手数料がかかる」などの障害があるからだ。

だけど、現在ではネットを使えば誰でも手軽に何万人の人に自分のメッセージを届けられるようになっている。振込手数料がかかるという問題はまだあるけれど、インターネットによって少しずつ「一億人から一円ずつ集めて一億円」に近いことが可能になってきているんじゃないだろうか。

ネットによって胴元が不要になる

お金はないところにはないけれど、あるところにはわりと余っているものだし、ある程度生活に余裕がある人だったら、ちょっと面白いなと思ってくれたら五百円とか千円は気軽に出してくれたりするから、そういうのを集めて生活できないかなーといつも考えている。

「面白いことをやっている人を応援したい」とか「病気で困っている人を手助けしたい」というような気持ちはみんな持っていて、全面的に支援はできないまでも五百円とか千円くらいなら出してもいい、って気持ちは前々からあったと思うんだけど、それを可能にするプラットフォームがなかった。

だから、うまく使いやすいシステムさえあれば普通にお金が動いていくんじゃないかと思う。病気の人をつきっきりで看病するのは難しくても、少額のお金を振り込むくらいなら気軽にできる。少額のお金でも、それが何十人も何百人も集まればそれなりの助けになるお金になる。そんなシステムが実現しないだろうか。

例えば病気の人をネットで見かけたら、何百人かの人が千円をその人に振り込んであげるようになったとする。そして病気になったときにカンパをもらった人は、他の人が病気になったときは今度は振り込む側に回る。そういうサイクルが定着したとしたら、それはもはや保険制度と同じようなものじゃないだろうか。

保険という仕組みがなぜ成立しているかというと、確率的に、ほとんどの保険加入者は事故にも病気にも遭わないからだ。ほとんどの加入者は掛け金を払うだけでリターンを受け取ることはない。そうして集まったお金が、運悪く病気や事故に遭遇してしまった人に支払われるという仕組みだ。

とすると、病気や事故に遭った人にみんながインターネットから少額のお金を振り込むというカルチャーが定着して順調に回っていったとしたら、それは保険制度と同じような効果を保険会社という胴元抜きで実現するようなものじゃないかと思う。困っている他人にお金を振り込むのは純粋に他人を助けたいというのもあるけれど、「明日は我が身かもしれないし、自分がそうなったときに助けてもらいたいから人を助けておく」という理由もあったりする。

また、それと同じように、みんなが自分よりお金がなくて困っている人に収入の２％くらいをあげるようになったとしたら、それは現在政府が行っている累進課税や生活保護などの「所得の再分配（金持ちからお金を取って貧乏人に渡すこと）」を、政府という胴元抜きでやっているようなものになるんじゃないだろうか。

もちろんなかなかそんなにうまくはいかないだろうし、そういう仕組みだけで完全なセーフティーネットになるとは思っていない。でも、社会のメインシステムである資本主義や市場経済とは別に、補助的なものとしてそういうよく分からない助け合いみたいなネットワークが広がったら、現在生きづらい人がちょっと生きやすくなるんじゃないかと思っている。

人にお金をあげるのはコンテンツ

人にお金をあげるのは人助けという側面もあるけど、それ以上に他人にお金をあげるのってコンテンツとして面白いというのがある。千円でマンガを買うよりも、千円をニートにあげてそいつがどう使うのかを見たほうが面白かったりする。つまんないときもあるけど。

フィリピンのセブ島に大喜利ハウスという家があって、そこでひたすら大喜利をして生活をしているニートがいる（「セブ島で大喜利をするニートの話」http://d.hatena.ne.jp/pha/20120325/1332662640）。ある大学の落研に全く働かないニートがいて、それを見かねた落研の先輩たちが「お前ニートやってるならセブに行っても一緒だろ、物価安いからちょっと行ってこいや、面白いし」と言って彼をセブに送り込んだのだ。彼はたった一人でセブ島に住んで、フェイスブック上で「こんなフィリピンの海は嫌だ」「サンペドロ要塞でなぞかけ」とかいったお題に答えるという大喜利をやっていて、それを見た人が「いいね！」ボタンを一回押してくれるごとに十円を先輩が送ってくれるという仕組みになっている。ちなみにセブだと十円あれば路上の屋台で得体の知れない肉の串が一本食べられる。

この大喜利ハウスのことを「ネットを使ったリアルたまごっち」と言っていた人がいたけど、現実世界のたまごっちは普通のたまごっちより十倍くらい面白いと思う。

そんな風に面白半分でネタとしてニートにお金をあげるとかもらうというようなことをしていると「不謹慎だ」って怒る人もいるけど、僕は面白半分でも別にいいと思う。真面目さだけで「ニートを救おう！」とかやってもなかなか人も集まらないし、やっている人もしんどい。面白さのないものは結局続かないしあまり広まらない。人間はそんなもんだと思う。

お金をあげると回り回る

僕自身もお金をもらうばかりじゃなく、自分よりもお金のなさそうな人や困っている人や、こいつはヤバくて面白そうだと思った人などにはときどきお金を振り込んだり物を送ったりしている。僕も貧乏なので、五百円とか千円とかいった少額だけど。

それはコンテンツとして僕自身が面白がるためというのもあるし、自分が率先してそういうことをすることで気軽にお金を振り込む行為が定着して欲しいっていうのもある。明日は我が身。あと、ネットでお金をもらっている僕が、もらったお金の一部をまた他のニートにあげる、というサイクルが回っていくのは面白いと思うし。

それと、これは根拠のないオカルト的なことだけど、人にお金を気軽にあげるよう

ギークハウスには募金箱が置いてあって、遊びに来た人が適当にお金を入れていくのでそれを集めて日用品などを買っている

にしていると、回り回って自分のところにそれ以上のものが戻ってくるような気がするというのもある。

　お金をあげたりもらったりすると、そのあげたりもらったりした人間同士の間に、ただ話をしたりするだけよりも強い結び付きが生まれるように感じる。お金をあげるのは自分の自我を拡張すること、って言ってもいいかもしれない。五百円なら五百円分だけ、五千円なら五千円分だけ、自分の自我がどこかに拡張する。僕はそれが面白い。そんな風にして人間同士のネットワークがつながってどんどん広がっていけばいいなと思う。

　ただ、お金をあげたりもらったりする

際に大事なのは、「あげたほうがあまり威張ったりしない」ということだ。お金をあげたからといって、相手に言うことを聞かせようとしてはいけない。お金の分だけ人に何かをさせようというのなら単にサービスを買っているのと同じだ。そうではなく、一旦お金をあげたら相手がそれをどう使おうが相手がどんな態度を取ろうが、対等な人間として相手を尊重しないといけない。それがパトロンの心得だ。

あともう一つ大事なのは、「もらったほうは感謝の気持ちを忘れない」ということだ。お金をもらったからといって卑屈になる必要はないけれど、「この人にお金をあげてよかった」って思ってもらえるくらいには気を遣おう。「嬉しそうにする」とか「美味しそうにごはんを食べる」とかその程度でいいと思うけど。

あとまあそういう理屈抜きに、人にお金をあげるのって何か楽しいというのがある。スカッとするというか。

買い物をたくさんしたときも消費する快感があるけれど、他人に無償でお金をあげるのはそれ以上に妙な爽快感と解放感がある。何か自分の体が軽くなるような感じだ。そういう感覚につけこんで悪質な宗教団体が「煩悩の象徴であるお金をうちに寄付することでカルマを減らすのです」なんていってお金を集めたりするんだけど。お金を燃やしたり捨てたりしても同じような快感があるのかもしれないけど、燃やすくらいだったらニートにあげたほうがいろいろと面白い。

「お金がないと生きていけない」への憎悪

もっと言うと、僕は「お金がないと生きていけない」とか「お金を稼ぐには働かなければならない」という事実にまだあまり納得がいっていないというのがある。憎悪していると言ってもいい。それは社会では当たり前のことなのかもしれないけど、それが当たり前だって簡単に思いたくない。もっと適当に、お金なんてなくても全ての人間は安楽に幸せに生きられるべきなんじゃないのか。それが文明ってもんじゃないのだろうか。それは夢のような話なのかもしれないけど、なんかそれは諦めたくない。

だから、労働以外のよく分からない理由でもっとお金が適当に動けばいい。ランダムとか気まぐれとか面白半分でみんなが気軽にお金を他人にあげるようになればいい。それが定着したらもうちょっと風通しがよくて生きやすい世の中になるんじゃないか。僕はそんな気持ちを込めながら、顔も知らないネットのよく分からないニートに五百円を振り込んだりしている。

まあでも、そんなこと言ってもお金は欲しいんだけど。お金がないのが不幸につながりやすいのは残念ながらおおむね真実だし。なので、お金を捨てたい人がいたら気軽に僕にください。適当に浪費するのでニートにお金をあげてカルマを減らそう。

067　ネットでお金をもらった話

CHAPTER_01_07

ネットで物をもらった話

東京には何でも落ちている

坂口恭平さんという面白い人がいる。彼の書いた『TOKYO 0円ハウス 0円生活』（河出文庫）『ゼロから始める都市型狩猟採集生活』（太田出版）などは、東京で暮らすホームレスを題材にしているんだけど、ホームレスがいかに街に捨てられている物を使って、お金を使わずに豊かな生活を都市の路上で送っているかというやり方が詳しく紹介されていて、読んだ後は見慣れた街の風景がそれまでと違って見えるような、想像力を刺激される面白い本だ。坂口さんは都会の

『TOKYO 0円ハウス 0円生活』

路上に落ちている物のことを「海の幸」「山の幸」のように「都市の幸」と呼んでいる。その本の中で、落ちている物を工夫して使う天才、「隅田川のエジソン」と呼ばれるホームレスの鈴木さんが言っていたのが「東京には何でも落ちてるよ」という言葉だ。生活に必要なものは東京の路上でほとんど無料で手に入るらしい。僕はその言葉を聞いてすごくワクワクするとともに、こんな風にも思った。「東京には何でも落ちてるかもしれないが、ネットにも何でも落ちてるな」と。

自転車、パソコン、本、CD、楽器、食料品など、僕は今までにネット経由でかなりいろんな物をタダでもらっている。今うちで飼っている猫もそうだ。入手する方法としては、自分でツイッターやブログに「捨ててもいい○○が余ってる人いないですか、取りに行きます」とか書いて募集したり、もしくは誰かがツイッターやブログに「○○が欲しい人いませんか？」と書いているのを見て、自分からその人に連絡してもらったりしたものだ。

結構どんな物でも「えー、それ捨てるの、まだ使えるのにもったいない」という感じで、自分の欲しい物がどこかでは捨てられていたりするものだ。どんな物だって一万人くらい人間がいればどっかで余っている。何気なくインターネットで「○○が欲しい」ってつぶやいてみたら、どっかの誰かが「余ってるからタダであげますよ」と言ってくれるというのを何回も経験した。

インターネットによる需要と供給のマッチング

昔は、自分が欲しい物がどこかで余っていたりとか、逆に自分が要らなくて捨てたい物をどこかの誰かが欲しがっていたりしても、その両者を効率的に結び付ける手段があまりなかった。一九九〇年代には「あげます」「ください」という情報を集めた「じゃマール」という雑誌が発行されていたりしたけれど、雑誌にハガキで投稿して載せてもらうというのは時間もかかるし面倒だった。今思うとよくあんな面倒臭いものが成立していたなと思う。

それが今では、インターネットやソーシャルネットワークサービスを使えば誰でも手軽に情報を多数に向けて発信できるようになったので、「○○が欲しい」「○○をあげたい」という細かい需要と供給のマッチングを簡単に成立させることができる。

「あげたい」という人と「欲しい」という人が両方揃えばタダや安価で物は手に入れ

られる。だけど、ちょうど自分の欲しい物を譲ってくれる相手や、自分の要らない物を引き取ってくれる相手を見つけるのが面倒だから、仕方なく物を買ったり捨てたりしているという場合は結構あると思う。

ネット経由でタダで物をあげたりもらったりするのがもっと手軽で盛んになったら、あまり物を買わなくても生活ができるようになるんじゃないだろうか。そうすれば捨てる物も減るからゴミも少なくなって効率的だ。そんな風にお金をあまり使わずに生活していきたい。物は世の中に結構余っているのだ。

所有からシェアへ

また、わざわざ買ったりもらったりして自分でそれを持っていなくても、シェアとかレンタルとかでいいんじゃないか、と思うことも多い。本当に自分で買って所有しておかなければならない物って、実は世間で思われているよりもずっと少ないんじゃないか、ということをよく考える。

僕がシェアハウスに住んでいる理由もそうだ。冷蔵庫とか洗濯機とか電子レンジとか自分で買うと高いし、一人で二十四時間使うものじゃないんだから複数人に一つで

シェアハウスだとマンガやゲームを持ち寄ってくるので退屈しない

十分だし、引っ越しのときにも運ぶのが面倒だ。だから家に備え付けのものがあればそれでいい。

最近は世の中を見ていても、今までみんなが自分が買っていた物をシェアやレンタルで提供するという商売が増えていると思う。

例えば車なんかは都会なら自分で持たなくても必要なときにレンタカーを借りれば十分だし、最近は会員の間で車を共有するカーシェアリングというサービスも出てきている。仕事場なんかも、フリーランスの間では自分で事務所を借りる代わりにシェアオフィスを使う人が増えている。マンガなんかも自分で買わなくても読みたいときにネットカフェに行って読んだほうが安上がりだし家のスペースも取らない。使ったことないけど家にお客さんが来たときだけ布団を貸してくれる貸し布団なんかも便利らしい。

まあ、そういうレンタルとかシェアのようなサービスが増えてきているのは、日本の景気が悪くてお金の余裕がない人が増えているという身も蓋もない理由も大きいんだろう。でも、どっちにしろ（個人のレベルでも地球のレベルでも）使える資源に限りがあるのは確かなので、できるだけ物を共有していく方向に進むのは間違っていないと思う。

流通が進化すれば所有はいらない

また、僕は読み終わった本はできるだけすぐにブックオフに売ることにしている。もしまた読み返したくなったらブックオフかアマゾンマーケットプレイスで中古を買う。そうすれば家のスペースも空くというのもあるが、読み終わったらさっさと手放すようにしたほうが真剣に読むので本の内容が頭に入りやすいというのもある。本って一番集中して読めるのは買ってすぐか手放す直前のどちらかなので。

そしてそもそもそういうことができるのは、ブックオフやアマゾンマーケットプレイスという本の中古市場が使いやすくて品物が充実しているからだ。大抵のメジャーな本は数百円も払えば中古を入手できる。つまり、流通システムが発達して、物を一旦手放したとしてもいつでも手に入れられるようになれば、わざわざ手元に置いておく必要はないということだ。それは、インターネット通信の高速化によって遠くのサーバ上に置いたデータを利用するクラウドサービスが発達して、手元にファイルを持っていなくても書類を読んだり音楽を聴いたり映画を観たりできるようになったのと少し似ている。大事なのは「ずっと所有すること」ではなく「それを手軽に利用できるかどうか」なのだ。

そういう意味で、インターネットによる情報の流通や物の交換システムが発達していけば、どんどん自分で物を持つ必要は減っていくだろう。できるだけ全ての物が、自分が必要な物は誰かが持っているから必要なときに声をかけて借りたりもらったりすればいいという感じになればいい。できるだけ物を買わず、物を持たない暮らし。それは金銭的には計測できないし、古い価値観では貧乏臭く感じられるかもしれないが、実質はそこそこ豊かなんじゃないだろうか。

第2章

ニートの日常風景

→コミュニティとゆるい生活

集まってると死ににくい

弱いものこそ集まろう

東京の渋谷に、「人が集まる空間を作ることが一つのアートだ」と言って、一軒の建物に若者が二十人くらいで集まって住んでいる渋家《シブハウス》（http://shibuhouse.com/）という変な家がある。

家の中にＤＪブースがあったりして頻繁にパーティーを開催しているので住人以外の来客も多く、とにかくいろんな人が日常的に出入りしている。遠くからやって来て宿泊していく人も多い。僕がこの間遊びに行ったときは、沖縄から来てしばらく泊まっているという人がいて話したんだけど、その彼は「家にいながらいろんな人に会える、家なのにまるで街のようだ」と言って感銘を受けていた。そして、彼は沖縄でも同じようなものを作りたいと思い立ち、その後実際に沖縄の那覇にナハウスというハウスをオープンさせたそうだ。

その渋家の中心人物の一人である齋藤桂太くんがあるトークイベントで喋っていたことなんだけど、集団で住んでいる理由の一つとして彼が挙げていたのが「集まってると死ににくい」という言葉だ。名言だと思う。

ニートのような弱い立場の人間ほど、仲間を作ることは重要だ。

僕自身が定職に就かずふらふら生きていても別に苦じゃないのも、周りに相手をしてくれる人がたくさんいるからだ。僕は仕事を辞めてからはシェアハウスに住んで共同生活をしているから大体いつも周りに誰かがいるし、ネットを使えば一人でひきこもっていてもいろんな人とコミュニケーションを簡単に取れる。

平日の昼間からやることがなくても、一緒に遊ぶ仲間がいると退屈もしないし寂しくもならない。一人だと時間を潰すためについついお金を使ってしまったりするけど、友達が一緒ならお金をかけなくても楽しく遊んでいられる。何か困ったときも知り合いが多ければわりとなんとかなったりする。

037　集まってると死ににくい

マイノリティのコミュニティを探そう

一般的なレールから外れて生きることを目指すなら、同じような境遇の仲間を見つけよう。自分が多数派の場合は、特に深い疑問を持たずに一般的に当たり前だって決められたことを守って目立たないようにしていれば基本的になんとかなったりするんだけど、少数派に当たる人間はこの多数派だらけの世界の中で、死なないために仲間を作って協力したり情報交換をしたりしていくことが必要になる。

ニート的な仲間を探すと言っても、なんだかんだ言って世の中の多数派は月曜から金曜までちゃんと働いているカルチャーの人たちなので、平日の昼間からふらふらしているような仲間はなかなか見つからないかもしれない。

けれど、そうした一般的なレールから外れた人間は人口の一定の割合で確実にいるものだし、イメージとしては大きな石をどけるとその裏に変な虫がいっぱい集まっているみたいな感じで、どこかの変な溜まり場に固まって集団でいるものだ。

僕はニートになってから、「働きたくない」とかブログでしょっちゅう言っていたせいか、自然と周りに真っ当なレールから外れた人間がたくさん集まるようになった。

ニート、不登校、アフィリエイター、転売屋、フリーランスのエンジニア、日雇い労働者、ホームレス、多重債務者、フリーライター、売れないマンガ家、マンガ家志望のニート、バンドマン崩れ、劇団員崩れ、会社をクビになった失業者。どうしても毎朝ちゃんと起きれなかったり、ネクタイを締めてスーツを着て満員電車で通勤するのに耐えられなかったり、他人と一緒にいるだけでものすごいストレスを感じたり、何だか分かんないけどときどき訳の分からない衝動が心の中から湧き上がってきて仕事どころじゃなくなったりする、会社や学校におとなしく通うことができないような人たち。

そんな人が集まる界隈にいると、働いているかどうかなんてことは大した問題じゃないような気がしてくる。

ニートとフリーランスの間

会社に勤めずにフリーランスで働いている人とニートの境目って結構曖昧だ。フリーランスと横文字で言うと分かりにくいかもしれないが、要は一人で仕事をしている自営業者だ。フリーランスで働いている人たちは土日と平日の区別もあまりないし、忙しいときは忙しいけれど、暇なときはニートとあまり変わらない感じで一日中寝てたりする。

仕事をあんまりしないフリーランスの人と、たまに働いたりするニートってほとんど同じようなものだ。「フリーライターやってるけど月収五万円くらいで全然食えない」って言ったらダメっぽい感じがするけど、まったく同じ状況を説明するのに「ニートだけどたまに文章書いてて月に五万稼いでる」って言ったらすごいような気がする。「ニートだけどマンガを描いてて若干の収入がある」だと良さそうだけど「マンガ描いてるけど大して売れてなくて全然食えるほどじゃない」だと別に珍しくもない。一年の半分をエンジニアとして働いて、後の半分を物価の安い海外でニートをして過ごすなんて人もいる（そういうことができるためには腕前や人脈が必要だけど）。「フリーランスだけどあまり仕事していないのでニートみたいなもんです」とか自己紹介する人は珍しくない。肩書きなんて結局そんな風な言い方の問題にすぎなかったりする。

ニートとかフリーランスとか、平日の昼間からふらふらしていたり、週末でもないのに徹夜で遊んだりしているような人たちの仲間ができれば、ニートをしていても退屈を持て余したり寂しくなったりすることがなくなってくる。そういう人たちの中に

シェアハウスに集まるニートたち

いると、毎日だらだらしていても何も言われないので楽だ。「できるだけ働きたくない」とか言っても別に説教されたりせずに「そんなの当たり前だよね」って感じだ。

自分がニートで毎日ぶらぶらしているってことが知れ渡っていると、「来週平日に引っ越しをするんだけど手伝ってくれない？」とか、「明日イベントのスタッフが急に足りないんだけど来れない？」とか言われて、簡単な仕事をもらえたりすることもある。僕もだるくないときはそういうのをたまに手伝ったりして、ちょっとお金をもらったりする。

ニート歴が長い人はそういうよく分からない胡散臭い人たちのネットワークを

たくさん持っていることが多い。世の中はそういう何をやっているかよく分からない人たちのつながりで回っている部分もあるのだ。

インターネットと都市

そして、そういう多数派ではない気の合う仲間と知り合うためのツールとして、とても優秀なのがインターネットだ。ネットならどんなマニアックな趣味でもマイナーな思想でも、同じような感覚を持った話の合う人たちが絶対に見つかる。

リアルで周りに話が合う人がいないという人は、ツイッターやブログで、リアルでは言えないようなマニアックな話、偏った考え、特殊な趣味、異常な感情などを吐き散らすべきだ。それは99.9%の人間には理解不能なものとして眉をひそめられたり気持ち悪がられたりするかもしれないけど、全世界で何百人か何千人かは絶対に共感してくれる人がいる。突出した異常さは書き続けていればそのうち同じようなタイプの人に届く。

インターネットは現実ではなかなか口に出しにくいような人間の濃い部分が出ていることが多いから面白いのだ。ネット経由で人と仲良くなるときは、「ネットでいつも変なことを書いてる奴がいるから会ってみたい」というようなきっかけから仲良くなることが多いし、ネットで吐き出した異常さや過剰さが仕事につながることもある。僕の友達には、ツイッターでずっと変な文章を書き殴っていたら「何か書いてみないか?」とか言われてそのままライターになった奴がいるし、ニートだけどブログでプログラミングのことをずっと書いていたらプログラマの知り合いが増えて、そのままプログラマとして就職が決まった人なんかは何人もいる。

東京などの都会に出て来るのもいい。マイノリティは人口の少ない田舎では住みにくい。

都会だったら好き勝手なことをやっていても家族や親戚とか近所とかに咎められたりしないし、全体の人口が多いせいでどんなにすごくマニアックな趣味でも、数千人くらいの仲間が集まって一定のコミュニティを作っていたりする。無職だってニートだって引きこもりだって何十万人という単位でいるし、ネットで声をかければ東京ならば自分と似たような人にすぐに会うことができる。

高円寺とか歩いていると何をやっているのかよく分かんない胡散臭い格好の若者が平日昼間からたくさん歩いているし、赤羽とか行くと午前中から居酒屋で酒を飲んでいるおっさんが大量にいる。都会にいると「ふらふらしているダメな大人は結構たくさんいるものなんだ」ということを実感できて心強い。

選択肢が多いことは絶対的な善だ

都会にしろインターネットにしろ、重要なのは「家庭とか学校とか会社とかの固定された人間関係だけじゃなくて、他の人たちともつながれるという選択肢がたくさんある」ということだ。

人がたくさん集まる場所では、いろんなタイプの人間がいて、いろんな小さなコミュニティがあって、その中から自分に合った場所を選ぶことができる。さらにインターネットでは、検索機能やレコメンド機能によって自分に合う人や合うコミュニティを探すのがとても簡単になった。

ある場所では合わなくても他の場所ならうまくやれるかもしれない。選択肢が多いほどそこから漏れてしまう人間は減る。選択肢が多いということは絶対的な善だし、この世の不幸の大部分は選べる選択肢が少ないせいだと僕は思っている。

学校でのいじめなんかは選択肢が少ないから起こる不幸の典型的なものだ。

小学校や中学校や高校は、クラスが固定されているので人間関係も固定されてしまって、人間関係がうまくいかなくても決められた教室に登校するしかない。だからと言って「学校に行かない」という選択肢もまだまだ今の日本ではハードルが高い。

そういう閉鎖的な環境にいるからいじめなんてくだらないことが起こってしまう。その証拠に、クラスなどの強制的な結び付きがあまりなくなる大学では、小学校・中学校・高校までみたいないじめはほとんどなくなってしまう。僕はいじめられていたわけじゃないけど、学校の教室ではいつも居心地の悪さを感じていたので、高校を卒業して大学に入って初めてちゃんと息ができるような解放感を得られた。

いじめられたほうがすぐに別の場所に逃げちゃうことができればいじめなんてエスカレートしないものだ。だけど、顔を合わせる人間を変更しにくいという学校のシステムや、与えられた環境に不満を言わず我慢するべきだというような同調圧力が人を逃げにくくして、その結果として不幸が生まれてしまう。

合わない場所には行かなくていい

「学校や会社にちゃんと行きなさい」

「みんなやってるんだからそれくらい普通にできるでしょ」

「普通の環境に適応できないのは努力が足りないから」

なんていう意見は、大して努力しなくても自然に社会に適応できる多数派の人の傲慢な意見にすぎないので聞かなくていい。人間はいろんなタイプがいるのだ。


　嫌な場所には行かなくていいし、嫌いな奴には会わなくていいし、自分の居心地の良い場所に行って、自分のやりたいことだけしていればいい。人生なんて本当はたったそれだけのシンプルなものだ。悪い場所からはできるだけ早く逃げよう。

　若い人がいじめで自殺したりするのは本当にもったいないしクソだと思う。自殺してしまう人というのは、他の選択肢が見えなくなってしまっていて、もう生きていてもどうしようもない、と思うから死を選んでしまうことが多い。「今がダメでも他の場所に行けばなんとかなるかもしれない」という選択肢や可能性が残っていれば人はなかなか死なない。だから選択肢がいろいろあることは重要なのだ。別に世間的に立派な生き方じゃなくても、生きてりゃそれでいいだろうって思う。どうせ百年もしたらみんな死んでしまうんだし。

インターネットの発達によって新しい人間関係を作るのはとても手軽になったし、シェアハウスなどの流行で東京などの大都市に住むハードルも低くなった。現在は今まででで一番ニートにとって生きやすい時代なんじゃないかと思う。都会に引っ越すのはコストがかかるので無理な人も多いかもしれないけど、世界に生きづらさを感じている人は、とりあえずみんなネットをやるべきだと思う。ネットに自分のよく分からない変な気持ち悪い部分を晒そう。それはどっかで誰かにつながったりするから。

シェアハウスとニート

シェアハウスのメリット

会社を辞めてからはずっとシェアハウスに住んでいる。

ゲストハウスとかシェアハウスとかルームシェアとか、複数の人間が一つの家に住む家のことを呼ぶ名前はいろいろあるんだけど、この本では統一してシェアハウスと呼ぶことにする。それぞれ微妙にニュアンスの違いがあったりするんだけど、厳密に区別せず曖昧に使われていることも多いので。

一般的なシェアハウスについて説明すると、一軒の家に何人かが共同で住んで、リビング・台所・風呂・トイレなどは共同で使うという形だ。住む部屋は個室の場合もあるし、一つの部屋に二段ベッドが置いてあって何人かが相部屋になるドミトリーと呼ばれる形態もある。

僕がシェアハウスに住んでいる一つ目の理由は、単純に経済的な理由だ。

今の日本ではニートが一人で家を借りるのはハードルが高い。敷金や礼金や仲介手数料などの初期費用がかかったり、連帯保証人を要求されたりするし、ときには定職に就いていないというだけで住むのを断られたりすることもある。また、洗濯機や冷蔵庫などの生活に必要な家電を買い揃えるのも大変だ。ワンルームマンションなどを借りて、家具も一から揃えるとなると、二十万円~三十万円くらいはかかってしまうだろう(東京の場合)。

それに比べてシェアハウスだと、デポジット(預かり金)を何万円か預ける必要はあるけれど、敷金・礼金・不動産仲介手数料などのお金は必要ない場合が多い。洗濯機・冷蔵庫などの家電や机と椅子などの家具も最初から用意されている(もちろん家によって違うので要確認)。

そうすると初期費用がかなり抑えられる。ただ、初期費用が安い代わりに月々の家賃はワンルームを借りるよりも少し高かったりするので、長期間住む場合はシェアハウスは割高になったりはするんだけど。でもとりあえずお金があんまりなくても新しい土地での生活を始められるのは強いメリットだと思う。

極端な話、着替えと洗面用具だけ持ってくればシェアハウスでは生活できる。その身軽さが僕にはとても魅力的だった。

自分で洗濯機とか冷蔵庫とか大きいものをわざわざ買って所有するメリットをあまり感じない。家電なんて使えれば何でもいいし、大きい家具を持っていると引っ越しをするのも大変だし。僕は引っ越しが好きなので、できるだけ所有物を少なくしてカバンひとつでどこにでも引っ越していけるような状態が理想的だ。

大学寮でのだらだらした日々

シェアハウスに住んでいるもう一つの理由は、共同生活の居心地の良さを求めていたからだ。それは大学時代に住んでいた京大の学生寮の影響が大きい。

僕が住んでいた寮は、築五十年くらいのすごくボロいコンクリートの建物で、パッと見は廃墟にしか見えない。建物中に粗大ゴミが放置され放題、敷地には雑草が伸び放題、建物中の壁に政治運動系のビラが貼られていたりして、全体的にアングラなムードが漂う建物だった。

大学時代に住んでいた寮の部屋（右がpha）（撮影：タカコ・オオイシ＝マークス）

そんなんだから綺麗めの京大生はあまり近寄らないようなところだったんだけど、家賃は異常に安くて、光熱費込みで月に四千円くらいで住むことができた。その代わり学生が全ての寮内の仕事を取りしきる自治寮なので住人は寮の運営を手伝う必要があるんだけど。

そこに住んでいるのは京大生の中でもあまり真っ当な道を行っていない、落ちこぼれたような人間が多かった。風呂がなくて銭湯にもあまり行かないのでみんな薄汚れていて、学校に行かずに一日中ゲームや麻雀をやっていて、単位も落としまくって半分以上の寮生が留年していたように思う。

その寮は本当に汚くてボロくてゴミだらけでクズだらけでまるで腐った沼のような掃き溜めだったんだけど、そんなダメ人間の吹き溜まりが僕にとってはすごく居心地が良かったのだ。学校に行かずにずっとだらだらとマンガを読んだり夕方くらいまで眠り続けていたりしていても誰も何も言わないし、昼でも夜でもいつも一緒にゲームをしたり麻雀したりする相手がいる。

僕はもともとは人付き合いが得意ではなくて、変にプライドが高いせいで他人に会おうとか遊ぼうとか声をかけるのも苦手なので孤独になりがちだったんだけど、寮だと誘わなくても自然にいつも誰かがいるし、無理して喋らなくても麻雀の卓を囲んでポンとかロンとか言っていればなんとなく輪の中に入ることができた。僕はあの寮で生まれて初めて他人と遊んでいて楽しいと思ったような気がする。

結果として良かったのか悪かったのか分からないけど、あの寮の体験が僕の人生を大きく変えた。そしてそれがダイレクトに今のシェアハウスの生活にもつながっている。

大学を卒業して就職してからは京都や大阪で部屋を借りて一人暮らしをしたりもしてたんだけど、一人暮らしには一年くらいで飽きて「またあの寮みたいなだらだらできる溜まり場を作りたいなー」と思うようになってしまった。一人暮らしって初めてするときはワクワクするけどそのうちすぐに退屈だったり寂しくなったりしてくる。だからみんな同棲とか結婚とかするんじゃないかと思っているんだけど、そこでシェアハウスを作るという選択肢もあっていいと思う。

ギークハウスの始まり

仕事を辞めて東京に出てきた僕はまたシェアハウスに住み始めた。八十リットルくらいあるザックに持ちもの全てを詰め込んで、東京のシェアハウスに三ヵ月住んだら次は京都のシェアハウスに一ヵ月住んで、その後また東京のシェアハウスに住む、というようなあちこちを転々とする生活を一年ほど続けた。

そのときは業者が運営している既存のシェアハウスに住んでいて、ある程度知り合いはできたけれど、すごく楽しいってほどではなかった。みんな部屋とトイレと風呂を往復するだけでそもそもシェアハウス内でのコミュニケーションがあまりなかったりとか、もしくはシェアハウス内に話の合う人があまりいなかったりとか。

交流が全くないと寂しいんだけどずっと交流しっ放しで喋りっ放しというのも苦手

で、そんなに喋らないけどなんとなく適度な距離に人がいる、という昔いた寮のような雰囲気がいいんだけど、そういうちょうどいい場所があまりなくて、それならば自分で作ろうと思い立ったのが、「パソコンとかインターネットとかが好きな人が集まってもくもくとインターネットをする」というコンセプトの「ギークハウス」というシェアハウスだ。

ニートの僕が家を借りることができたのもインターネットがきっかけだった。ブログに「こういうコンセプトのギークハウスという家を作ってみたい」という記事を書いたら、たまたまそれを見ていたネットの知り合いが「今空いている部屋があるけど借りないか」と声をかけてくれて、そこを借りることができたのだった。最初のギークハウスは東京の南町田にあった三ＬＤＫのマンションで、そこに三人で住んでいた。

それ以来、ずっとギークハウスに住んでいる。ギークハウスのコンセプトはオープンソース風に誰でも真似をしていいということにしているので、今ではいろんな人が各自でいろんなギークハウスを作っていて、二〇一二年現在では日本、海外含めて二十数軒のギークハウスが運営されている。

平日昼間からニートが集まってゲームしたりしているとやはり居心地が良い。マンガとか本は誰か一人が買ってくれれば回し読みできるし、ゲームなんかも一本を共同で使えるので経済的だ。おかげでお金はないけど娯楽には困らない。シェアハウスだと自分では買わないような本に出会ったり、自分からは聴かないような音楽の良さに気づいたりとか、そういう刺激があるのも魅力的だ。

まあ、シェアハウスにも向き不向きがあるので向いていない人にはあまり勧められないというのはある。潔癖症だったり完璧主義的な人だとキツいだろう。他人の生活スタイルが自分と違っても許容できる寛容さが必要ではある。

一家に一人、ニートを置こう

僕がよく言っているのは、シェアハウスでは一家に一人はニートがいると便利ということだ。

平日の昼間に宅配便を受け取ったりとか、猫の世話をしたりとか、急に雨が降ってきたとき洗濯物を取り込んだりとか、洗剤とか調味料とか日用品が切れていたら買ってきたりとか、いつも家にいる人がいるといろいろと便利だ。仕事が忙しくて家事が間に合わない人の家にニートを派遣するとちょうどいいんじゃないかと思う。

それは、今までにある習慣で近いものを言うと、男女二人が結婚してどちらかが専業主婦（主夫）になるということになるかもしれないけれど、そういうのだけではなくもっといろんな構成の家があってもいいと思う。性別にこだわることなく、ニート一人と働いている人三人の家とか、ニート三人と働いている人一人の家とか（後者は運営が大変かもしれないが）。

みんながみんな普通にフルタイムで働いていると、普段は家にほとんど誰もいなくて、休日とかにしか顔を合わせる機会がなかったりする。せっかくシェアハウスなのにそれだと寂しい。家に常にいる人がいるとその人をハブにしてコミュニケーションがつながっていったりする。

シェアハウスを人の集まる溜まり場にしたい場合、できるだけ常に誰かがいるのが望ましい。人が誰もいない場所にはなかなか気軽に遊びに行きにくい。誰かが一人か二人常にいると、その人たちを核にして何人かよく遊びに来る人が生まれる。そうして「あそこに行くといつも人が集まってにぎわっている」というイメージが定着すると、いろんな人がふらっと気軽に遊びに来やすくなる。だからニートのような常に家にいてぶらぶらしている人がいるのはそういう意味でも重要なのだ。

僕が働いていなくても退屈しないのはシェアハウスに住んでいるというのが大きい。

実家でニートをしていると家族がうるさかったりするし、一人暮らしで無職なのも寂しくなってしまいやすい。シェアハウスだと周りの人と適当に喋ったり遊んだり、ときどき来るお客さんの相手をしたりしていると、それだけでいつの間にか毎日が過ぎていく。

直接コミュニケーションせずに孤独にならないために

一人暮らしではなくシェアハウスに住んでいると「人との交流が好きなんですね」と言われたりするんだけど、実際は人と触れ合うのはそこまで好きではない。むしろ苦手かもしれない。

基本的には単独行動が好きだし、人の集まっている場所に二、三時間もいると調子を崩してすぐに帰りたくなるし（そのせいで学校や会社には適応できなかった）、五時間くらい人と話すとその日の夜は眠れなかったりその次の日は寝込んでしまったりする。自分には一般的にみんな持っているような協調性とかコミュニケーション能力とかがかなり欠けていると思う。

じゃあなぜシェアハウスに住んでいるかというと、それは多分「人と直接コミュニケーションせずに孤独にならない」ということを目指しているからだ。

誰かに対して「会おう」とか「遊ぼう」とか自分から働きかけるのが昔から苦手だった。他人と会っていてもずっと喋ってコミュニケーションし続けなきゃいけないのだとしんどい。でもかと言って、全く人に会わず毎日一人で過ごしているのも寂しい。そこでシェアハウスの距離感がちょうどいいのだ。

シェアハウスだと、誰かに声をかけたり誘ったりしなくてもなんとなく人がいる状況が常にある。実際にギークハウスのリビングには、住人やよく来る常連など常に何人かの人間がだらだらとこたつで過ごしていて、各自適当にマンガ、ゲーム、インターネット、食事、睡眠、酒、猫と遊ぶなど好きなことをしている。

気が向けば喋ったりもするけれど、別に頑張ってコミュニケーションしなくてもいい。リビングで黙って一人でネットをしていたりマンガを読んだりしていてもいいし、疲れたり一人になりたくなったりしたらいつでもすぐに自分の部屋に帰れる。大体僕は昔から「人が集まっている場所でちょっと離れたところからそれを眺めている」みたいなポジションが好きなので、シェアハウスの距離感がちょうど居心地が良いのだと思う。

ギークハウスとツイッターの類似点とは

ギークハウスが「ザ☆ネットスター！」というＮＨＫの番組に取り上げられたことがあるんだけど、そのときにギークハウスのリビングにたくさんの人が集まっていながら、みんな会話せずにそれぞれノートパソコンに向かったり本を読んだりしている光景を見て、コメンテーターの東浩紀さんが「このギークハウスのコミュニケーションのあり方はツイッターに似ている」と言った。

ツイッターの居心地の良さというのは、それまであったチャットなどのクローズドな空間とは違って、ある程度オープンな空間で、それぞれが自分の好きなことをしながらもなんとなく共通の雰囲気を共有して、ときどき気が向いたら会話したりもできるという、ゆるいつながりの中にあると思う。

僕が現実で理想とするのもそういう「喋っても喋らなくてもいいけどなんとなくそこにいてもいい空間」で、ツイッターみたいに密接すぎずゆるくつながっているような距離感をギークハウスでも実現できたらいいなと思っている。

つまりは、対人能力があまりなくても孤独にならないようにしたいのだ。

ギークハウスでは人が集まってもみんなパソコンに向かっている

そのためには、雰囲気作りを個人のコミュニケーション能力に頼るのではなく、例えばギークハウスのようなシェアハウスを作って「人が遊びに来やすい土地に家を作る」「人が遊びに来やすいような雰囲気を作る」「リビングに人が集まりやすいような部屋の配置にする」といった構造を用意するといった風に、システム的な解決をしたい。

僕は特定の個人の能力や熱意によって実現されるものよりも、凡庸な人間でもやる気のない人間でも、その中に入ればそこそこ面白く楽しくなれるような仕組みに興味がある。人は環境に規定されるという考え方が好きだ。中心となる人物の存在に依存するのではなく、中心人物が急に死んでも組み上げられたシステムは変わらず回り続けるようなのがいい。

普通にコミュニケーション能力がある人だったら、家族や会社に頼れなくてたった一人でも知らない人とちゃんとコミュニケーションして仲良くなって信頼を勝ち得てなんとかやっていけるのかもしれないが、僕はいちいち人と喋ったり人と交渉するのが嫌なのでシステムを作った。コンビニで一言も口をきかなくても買い物ができるように全てのものが手に入ればいいと思っている。服とか部屋とか友達とかも全部無人の自動販売機で買えればいいのに。

新しい家族のかたち？

最近全国的にシェアハウスが増えていて、雑誌やテレビでも取り上げられることが多くなってきた。シェアハウスが増えている原因は、不況でお金がない若者が増えているっていう現実的で身も蓋もない理由も大きいんだけど、家族とかライフスタイルに対する考え方が少しずつ変化しているというのもあるだろう。

家のあり方というのは常に移り変わっている。賃貸より持ち家が望ましいという考え方だとか、夫が外で働いて妻が家で専業主婦をするというモデルだとかも、戦後あたりから広がった考え方にすぎない。

三世代や四世代が同居する大家族で暮らすのが当たり前だった時代もあるし、核家族が流行した時代もある。三十五年ローンを組んで一軒家を郊外に建てるのが理想だった時代もあるし、若者が一人暮らしをしたがってワンルームマンションが日本中に増えた時代もある。

そして今新しく、家族じゃない人同士が一緒に住むシェアハウスが増えている。それは新しい家族の形態と言ってもいいんじゃないだろうか。シェアハウスで子供を産んだり育てたりする人がいても面白いと思う。


中島らもが28歳くらいのときに会社をふらっと辞めて、郊外の一軒家で奥さんと子供二人と暮らしていたときに、その家に無職とかフーテンの居候がむちゃくちゃたくさんいて「ヘルハウス（地獄の家）」と呼ばれていたことがあるらしい。あまりに居候が多くて汲み取り式便所が溢れた話がよくエッセイに出てくるし、『バンド・オブ・ザ・ナイト』（講談社文庫）という長編小説はその頃の出来

『バンド・オブ・ザ・ナイト』

事をもとにしたものだ。

中島らもの死後に出た追悼のムックに、らもの友達とらもの奥さんとらもの子供二人が喋っている座談会が載っていたんだけど、そこで面白かったのが、子ども二人がそのヘルハウス時代の頃を思い出しながら「小さい頃は家に居候の人が多くてどこまでが家族でどこからが家族じゃないのか分からなかったよね」と話していたことだ。家族って閉じた感じがして僕はあまり好きじゃなくて、ヘルハウスのようにいろんな人の出入りが多い空間のほうが風通しがよくて好きだ。これからはそんな家のかたちが少しずつ増えていけばいいなと思う。

CHAPTER _02_03

猫とニート

ニートと猫の相性が良すぎる件について

ニートになってから猫を二匹飼い始めた。ずっと昔から一度は猫を飼ってみたいと思っていたんだけど、そうしたらネットで飼っている猫を里子に出したいと言っていた知り合いがいたので二匹譲り受けたのだ。

飼ってみて思うのは、ニートと猫の相性が良すぎるということだ。

働いていなくても、家で猫と遊んだりエサをやったりトイレを掃除したりしているとすぐに一日が過ぎてしまう。猫の睡眠時間は長時間かつ不規則で一日に三回くらい寝たり起きたりを繰り返すので、ニートが昼夜逆転したような不規則な生活を送っていても、猫を見ていると時間の使い方なんてそんなもんだという気がしてくる。

スンスン（5歳・メス）

タマ（5歳・オス）

猫は本当に一日中ひたすらゴロゴロしている。平和そうな顔をして眠っている猫を見ると働くなんてバカバカしいという気持ちになるし、猫に比べれば自分はまだ偉いと思ったりもする。僕は猫と違ってときどき部屋を片付けたりするし、猫のトイレを掃除したりもする。猫よりは働いている。偉い。

シェアハウスみたいな人の集まる場所で猫を飼っているというのもちょうどいい。猫が好きな人がよく来てくれて来客が増えるし、初対面の人間同士が集まっているときでもとりあえず猫を見ていると共通の話題になって場が和んだりするのだ。

猫と日常と

そもそも猫を飼いたいと思ったのは保坂和志の小説を読んだのがきっかけだったと思う。

保坂和志の小説は事件らしい事件が何も起こらないということで有名だ。そして猫がよく出てきて、猫について細かく描写される。

大体の作品は、無職というわけでもないけど時間に余裕のある若者たちが集まって、たわいもないことを喋ったり、ごはんを食べたり、お酒を飲んだり散歩したり、あと猫と遊んだりするという、そんな日常の風景がただひたすら続くだけの小説で、話という話は特にないんだけど、なぜかついつい引きこまれて読み続けてしまうものがある。

初めて読む人にはデビュー作の『プレーンソング』（中公文庫）をお勧めしたい。『プレーンソング』は、シェアハウスというわけではないんだけどちょっと広めの二ＤＫの家に一人で住んでいる主人公のところにいろんな友達がやってきて泊まっていったり一緒に遊んだりするという話で、僕がシェアハウスをやろうと思ったきっかけの一つでもある。家の広さは重要だ。家の広さに余裕があれば、友達も遊びに来やすいし、宿のない人を泊めたりもできるので、自然と人が集まってくるのだ。人間関係は物理的空間の広さに左右されたりする。

多分、人生で大切なことって保坂和志の小説のような何でもない日常の時間で、大げさな夢や理想や波乱万丈なんて別に必要なくて、天気の良い日に散歩したり猫と遊んだりゆっくりごはんを食べたりする時間こそが美しくて大事なものなんじゃないかと思う。

『プレーンソング』

小さいもののいる生活

何でもない平凡な日常を美しく描いた作品と言えば、最近ではあずまきよひこの『よつばと！』（電撃コミックス）がある。このマンガは「よつば」という5歳の女の子が主人公なのだけど、毎回特に何の事件も起きなくて、散歩をしたりとかファミレスに行ったりとか焼肉を食べたりとかいった、ありふれた日常の生活が描写されるだけだ。ただ、よつばがとにかく好奇心一杯で何にでも興味を示す子なので、その5歳児のフィルターを通して見ると、平凡な日常的な世界がとても新鮮でワクワクするものに見えるのだ。

『よつばと！』

保坂和志の小説や『よつばと！』を見ていて思ったんだけど、何も起こらない日常を楽しむためには、猫や子供のような何か小さな存在がいたほうがいいのかもしれない。保坂和志にも子供が出てくる小説『季節の記憶』（中公文庫）がある。

若い男女ばかりが集まっているとにぎやかで華やかだけど、恋愛とか何かいろいろややこしいことが起きてこじれちゃったりもする。若い男ばっかりが集まってると、元気すぎて暑苦しくなるかくすぶってどよんとしてしまうかどちらかな気がする。中年と若者といった年齢差のある組み合わせでも、お互いについ気を遣ったりしてしまう。そういった場合に、人の集まる場所に猫や小さい子供がいると、共通の話題になってコミュニケーションが生まれたり、人の間の緩衝材になって場の雰囲気が和んだりするというのがあると思う。

何も起こらない平凡な日常を楽しく過ごすためには、同世代の人間だけではなく、猫や子供のような、自分たちより小さくて物事を知らなくて手がかかるものを置いておくのがコツなのかもしれない。

世間のルールに背を向けろ

テレビに出たときのこと

ＮＨＫ Ｅテレの「オトナへのトビラＴＶ」という番組に出たことがある。

この番組は、十代の若者に向けて社会に出るにあたって知っておいたほうがよいいろんなことを紹介する番組で、僕が出た回は「中卒だけど数十種類の仕事を渡り歩いて今は若者の就職支援をしている起業家（黒沢さん）と、ネットに助けられながら生きる京大卒の三十代ニート（ｐｈａ）を比べて見てみましょう。世の中はいろんなオトナがいますね」というような回だった。

取材を受けるのはだるいし、テレビに出て嬉しいという気持ちもそんなにないんだけど、番組を観た人がいろいろな反応をするのを見るのは楽しい。放映後、ツイッターで番組の名前で検索すると感想がたくさん出てきたし、番組を観てから僕の名前で検索してブログにやってきてコメントを残していく人も多かった（参考：http://d.hatena.ne.jp/pha/20110803/1312379732）。

感想の内容としては、「こういう生き方もありなんじゃないの」と共感するものが半分、「こういう生き方は認められない」という批判的なものが半分という感じだった。批判の中でも多かったのは「京大を出たのにもったいない」というフレーズだ。

もったいない、そういう意見を持つ人がいるのは分かるけど、そういうのじゃないのになあ、と思う。確かに僕は京大に入れるくらいに受験勉強はできたけれど、それはただそれだけのことで、社会の中で協調性とポジティブさを持ってさぼったり休んだりせずに生産的な活動を続ける、というようなことをする能力は僕にはなかった。お金を稼ぐのにも向いていない。僕みたいな人間が今死なずに生きているだけでなんとかラッキーだと思っているので、もったいないという評価はあまり適切じゃない。僕にはこれしかできなかったのだ。

人には適性がある

人間にはそれぞれ適性がある。ある人には当たり前にできることが他の人には全くできなかったりする。

みんなが当たり前にできているような、毎日決まった時間に起きるとか、他人と長時間会話をするとか、大勢の人が集まっている場で適切に振る舞うとか、そういうことが自分はできないのはなぜなんだろう。努力が足りないとか、コツを知らないとかそういうことなのだろうか。十代、二十代の頃はずっとそんなことに悩んでいて試行錯誤を繰り返していた。

結局僕が30歳前後でたどり着いたのは、

「人はそれぞれ性質が違うし向いている場所も違う」

「世間で一般的とされているルールや生き方は、それが特に苦痛でない多数派の人向けのルールにすぎない」

「努力が足りないのではなく適性が違うということを考えるべき」

「世間で一般的なルールに従わなくても、なんとか死なずに生きてて、たまに何か楽しいことがあればそれでいいんじゃないか」

という考えだった。そう考え始めてから生きるのがすごく楽になった。

そんなことを考えなくても普通にやれている人はそのままでいい。世間で模範的とされている生き方、例えば「ちゃんと学校に行ってちゃんと就職して真面目に働いて結婚して子供を作って育てる」みたいなのに違和感を覚えない人は別にそれでいいと思う。人はそれぞれ幸せになれる場所が違うし、そのルートで幸せに生きられる人はそこで生きたらいい。皮肉などではなく素直にそう思う。

けれど、そういった世間で模範的とされている生き方にどうしても馴染めないし適応できなくて、「それって自分が悪いのかな」とか「自分の努力が足りないのかな」とか悩んでいる人に対しては、「別にどんな生き方でもなんとか生きられたらそれでいいんじゃないの。自殺したり人を殺したりしなきゃ」と言ってあげたい。それはその人が悪いのではなくその人と環境との相性が悪いだけだからだ。

僕は映画が観れない

たとえば、僕は映画が全く観れない。カルチャー的なものだと小説も好きだしマンガも好きだし音楽も好きなんだけど、映画だけは観れなくて、知り合いと映画の話になると全く入れなくてときどき寂しい思いをする。

なぜ観れないのかと言うと、一時間半や二時間の間、じっと座って同じ画面をずっと見続けるということに精神や肉体が耐えられないのだ。大体四十分くらいで限界がきて、それがどんなに面白い映画だったとしても集中力がなくなって飽きてしまい、体がムズムズしてそのへんを歩き回ったりインターネットを見たり体をぐにゃぐにゃに動かしながら踊ったりしたくなってしまう。

別に映画だったら趣味の範疇のものだから観ても観なくても済むけれど、同じ理由で小学校・中学校・高校の授業もずっと苦痛だった。

授業時間中じっと同じ姿勢で座って話を聴き続けるというのが苦しくて仕方なくて、大体の場合、ほとんど授業を聞かずに寝ていたり、机の下に隠した文庫本を読んでいたりした。なぜクラスの他の人たちは平然と授業を受けていられるのか不思議だった。僕の何が悪いんだろうと悩んだりもした。

あと、人とずっと一緒にいるのもそれだけで苦痛だ。会話をしていても四十分くらいすると会話エネルギーが切れて喋る気力が突然なくなるし、特に会話をしていなくても二時間も他人と一緒の空間にいるとストレスが溜まって一人になりたくなる。たくさん人と喋るとその日の夜はなかなか寝付けないし、次の日もエネルギーが切れて半日くらい使いものにならない。他人と何時間もずっと喋り続けても特に苦痛じゃなさそうな人がいるけど、あれは何なんだろう。超人なんだろうか。

会社に勤めていたときも、仕事自体がつらいというよりも、一日に九時間とか十時間、オフィスという複数の人間がいるスペースに軟禁されている状態なのがしんどかった。仕事中はずっと「早く家に帰って布団にくるまって暗くて静かな一人の世界にひきこもりたい」ということばかり考えていたし、耐え切れなくなってしょっちゅう仕事を抜け出してはトイレの個室の中で頭を抱えてうずくまっていたりした。

向いていない土俵で戦っても負けるだけだ

仕事なんて嫌なことがあるのは当たり前だし我慢するべきなのか、ということも考えたけど、よく見てみると、他の多くの人は、一日に九時間オフィスにいることや、他人と三時間喋り続けることや、特別好きでもない人間と社会人らしい会話のやりとりをすることがそれほど苦痛じゃないようだった。

僕が苦手で仕方がなくてすごく頑張ってこなしていることを、他の人は特にハードルだとも感じずに毎日を過ごしているのだ。そんな条件で戦っていても勝てっこない。この場所にいる限り僕は永久に苦痛を感じながら、他の人に比べて仕事ができない劣等生でいるしかない。そう思ったのが仕事を辞めた大きな理由の一つだ。

結局それは向いているか向いていないかというだけの問題だったと思う。世の中で一般的とされているルールや常識や当たり前は、世の中で多数派とされている人たちに最適化して作られている。少数派がそんなアウェイな土俵で戦っても負けるだけだ。無理して我慢しても意味がないし、向いていない場所からは早めに逃げたほうがいい。レールから外れることで自分と違う人種の人たちにどう思われようが気にすることはない。

自分に向いていない場所で我慢して仕事をしたとしても、自分自身もつらいし、周りの同僚や上司もイライラするし、仕事も進まないし、お客さんも不幸になる。全く誰も得をしない。それならば、もう少し自分が無理なくいられる場所を探したほうがいい。

「歩留まり」という概念がある。工場で製造される製品のうち、不良品でないものの率を指す言葉で、「どこどこの国の工場は歩留まりが95％だけど（＝不良品が5％出ている）、日本の工場は水準が高いので歩留まりが98％だ」という風に使う。

結局、人間の社会にも歩留まりというのはあるのだ。人間の世界のことで１００％というものはあり得ない。義務教育は全ての国民が受けるために作られているものだけど、どうしても何％か義務教育に適応できない性質の人間は生まれてくる。会社に適応できない人も同じだ。

それはもうそういうものなので、仕方がない。頑張って一般に合わせようとしても無理だ。かと言って、じゃあそういう人間は死ねばいいのかって言うともちろんそんなことはなくて、周りから変人だと思われることを気にせず自分なりの独自の生き方を切り開いていくしかないのだ。

感覚的なものを信じよう

僕は仕事を辞めるときに理由として「毎日好きな時間まで寝ていたい」「毎日起きてから今日何をしようか決めたい」と言ったら、分かってくれない人が多かった。そんなことのために安定した身分を捨てるの、と言われたりした。でもそれは、毎朝7時に起きるのが苦痛ではない人には分からないかもしれないけれど、自分の人生にとってはとても重要なことだという実感があった。

価値観なんて人間の数だけあるし、どの立場もそれなりの理由や理屈があって、どれが正しいというわけではない。じゃあ無数にある選択肢の中からどの道を選べばいいかというのは、最終的には感覚とか直感に頼るしかない。

何を選んでもそれを正当化する理屈はつけられるものなので、結局選択の決め手になるのは、「好きなだけ寝ていたい」とか「温泉に行きたい」とか「他人とこんな会話をすると楽しい」とか「こういう作業をこなすと達成感がある」といったような、感覚的なものしか残らなくなる。だから自分の感覚に敏感でいるようにしよう。

自分の中の「これは何かおかしい」「これは嫌だ」って感覚や直感を押し殺してはいけない。悪い場所からは早めに逃げよう。嫌なことに関しては精神より体のほうが敏感なことも多いので、身体感覚に気をつけるのも大事だ。体というのは頭で考えるよりも結構頭が良いものなので、自分が無意識に感じている違和感や嫌悪感を体が教えてくれたりする。例えば体調を崩すというのは体からの貴重なシグナルだったりするので、しょっちゅう体調を崩しているときは自分が今抱えている何かを見直してみるべきだ。

30歳までは自分探しでいい

自分に無理のない生き方を探すためには選択肢は多いほうがよい。だから、生き方に迷っている人はいろんなところに行ってみたりいろんな人に会ってみたりいろんなことを試してみるべきだ。正直、30歳くらいまではそういう自分探し期間でいいと思う。

僕は自分の今の状況を気に入っているけれど、今みたいなふらふらした生き方に落ち着いた（？）のは28歳からだし、それまでは結構迷走していた。とりあえず大学に入ったり、特にあてもなく休学したり、とりあえず就職してみたり、アジアでバックパッカーをやってみたり外国に住んでみたり、詩を書いたり短歌を作ったり楽器を練習したり、カフェの手伝いをしたりヨガをやったり合気道を習ったりプログラミングを始めたり、支離滅裂に興味のおもむくままにいろんなことに手を出して、試行錯誤しながらようやく今のところに落ち着いた感がある。ここに行き着くまでには何回も失敗したり恥をかいたりした。

なので自分の今いる状況に違和感がある人は、とりあえずいろんなことを試してみるといいんじゃないだろうか。そのうちどこかでたまたま自分にとって居心地の良い場所が見つかるかもしれない。もちろん見つからないかもしれないし、良い場所が見つからないままそのまま年を取って死ぬかもしれないけれど、まあ遅かれ早かれいつかは死ぬんだから、生きているうちにいろいろ試してみないと損だと思う。どうせ人間の死亡率は100%なんだし。

ニートの歩き方

CHAPTER _02_05

寝たいときは寝たいだけ寝ればいい

何もしない人生でも構わない

寝たいときは寝たいだけ寝ればいいし、だらだらしたいときは何もせずにひたすらだらだらしていればいいと思う。

やる気がしないときにも無理して頑張って何かをしようとする人がいるけど、そういうときは素直に休めばいいんじゃないかな。

日本にはそういう頑張りすぎな人が多いと感じる。日本の自殺者が多いのはそういう空気のせいじゃないだろうか。死んでまでやらなきゃいけないことなんてない。

何もしないのが偉いってわけじゃないけど、別に何もしなくても全然構わないと思うのだ。人間のすることなんて所詮やってもやらなくてもいいようなことばっかりだ。ほとんどのことは自分がやらなくても他の誰かがやるし、ほとんどのしたことは数ヵ月か数年も経てば消えてしまう。長くもってもせいぜい数十年だろう。人類の歴史や宇宙の歴史から見ればほんの一瞬のゴミみたいなものだ。

それに、放っておいたら大体の場合、人間は自然に何かをしようとするものだ。特にやることがなく時間も体力も気力も余っていて余裕があれば、大抵の人間は自然に何かをしたくなってくる。だから人間は無限に怠惰ではいられない。

そういった、自分の中から湧いてくる自発的な行動こそが本来人間がするべきことだし、つらいのを我慢して無理に何かをする必要はないのだ。良い仕事というものは、自発的に本人が楽しみながらやるようなところから生まれてくるもので、無理をこらえて頑張って成し遂げられたものではないことが多いし。

もし自然に何もしたくならないときは、精神のバランスを崩していたり肉体が疲れていたりするときなので、そういうときは可能な限り何もせずに休んでいればいい。回復して余裕ができれば自然に何かをしたくなってくるはずだから。

無限に怠惰でいるように見えるダメ人間の尻を叩いて無理矢理働かせようとする人がいるけれど、あまり効果があるとは思えない。そういう人に必要なのは治療や休息なのだ。回復してうまく自分の中のバランスが取れる状態になれば、自然と退屈して何か意味のあることをやろうとするものだ（まあ人間のことなので例外もときどきあるけれど）。

「無理して頑張らなくても構わない」ということになると、みんな怠惰になって何もしなくなって社会が崩壊してしまうとか言う人がいて、そういう人が怠惰な人を叱りつけたり脅したりするんだけれど、くだらない。叱ったり脅したりしないと崩壊してしまうようなシステムはロクなものじゃないし、そんなんだったら別に滅んでもいいと思う。

努力とフロー

やっぱり日本人は努力とか頑張りとか我慢とかを過剰に褒める傾向があって、それがこの社会の息苦しさを作っているんだと思う。仕事のために自分の人生を犠牲にするのはおかしい。仕事のために人生があるのではなく、人生のために仕事があるのだから。仕事を頑張りすぎて自分の人生を削るのは本末転倒だ。

まあ頑張って我慢して仕事をするのが必要なときもあるし、そういうのが好きな人が自らそうするのはいいけど、人に強制させるものじゃない。本来一部の人間だけがやっていればいい「努力教」を、向いていない人間にまで強いようとするのが日本の悪いところだと思う。


そもそも、頑張ったり我慢したりしないと良い仕事ができないという考えが間違っていると思う。努力で達成できることもなくはないけれど、世の中にある本当に良いものっていうのは、努力とか頑張りとかそういうゴリゴリした感じで作られたのではなく、もっと軽やかに自然な形で作られたものじゃないだろうか。自分の経験を振り返ってみてそう感じる。

僕が何かに夢中になって、例えば受験勉強にハマって京大に入ったとか、プログラミングを勉強してウェブサービスを作ったとか、ギークハウスのアイデアを出してギークハウスを作ったとか、そういう何かがうまくいったとき、身を削って努力したり苦しんだという記憶はあまりない。

主観的には、何かすごく面白いものを見つけてひたすら没入して、その世界の中に潜っていろいろ遊んでいたら、いつの間にかできていた、という感じだ。頑張るとか我慢するとか、そんな意識はまったくなかった。それは、とても面白いゲームを一日中やり続けているとか、とても面白い小説をひたすら読み続けたりするのとかと同じような感覚だ。

ミハイ・チクセントミハイという心理学者が提案した「フロー」という概念がある。「フロー」というのは「流されている」というような意味だけれど、チクセントミハイは、一流のアスリートや学者やビジネスマンが仕事に完全に集中して没入したときにフロー状態というものに入っていると主張する。

ウィキペディアから引用してみる。

チクセントミハイが見たところによれば、明確に列挙することができるフロー体験の構成要素が存在する。彼は八つ挙げている。

1. 明確な目的（予想と法則が認識できる）
2. 専念と集中、注意力の限定された分野への高度な集中（活動に従事する人が、

それに深く集中し探求する機会を持つ）

3．自己に対する意識の感覚の低下、活動と意識の融合

4．時間感覚のゆがみ－時間への我々の主体的な経験の変更

5．直接的で即座な反応（活動の過程における成功と失敗が明確で、行動が必要に応じて調節される）

6．能力の水準と難易度とのバランス（活動が易しすぎず、難しすぎない）

7．状況や活動を自分で制御している感覚

8．活動に本質的な価値がある、だから活動が苦にならない

フローを経験するためにこれら要素のすべてが必要というわけではない。

フローに入るためのもう一つの重要な条件に、他者に妨害されない環境がある。電話がかかってきたり、だれかが部屋に入ってきたりといったいかなる妨害であっても、おそらくフロー経験から引きずり出され、それに対応するモードに移行してしまうだろう。

（http://ja.wikipedia.org/wiki/フロー　より）

人間はフロー状態のときに良い仕事ができるという話なんだけど、最も重要な点は、

天気の良い日は公園に行こう

フロー状態に入っているときはとても楽しくて気持ちいい、ということだ。

意識は作業の対象に完全に没入し、体はリラックスした状態で、感覚的には自分と作業対象の境目も分からないくらい一体化し、時間の感覚もよく分からなくなり、ひたすらその作業が楽しくて面白くて、ずっとそれをやり続けてしまうという状態。僕自身も過去何かがうまくいったときはいつもフロー状態に入っていたんだと思う。

このフロー状態でこそ人間のパフォーマンスが発揮されるという考えは、頑張って努力して我慢して仕事を成し遂げるという価値観の正反対にあるものだ。

僕はフロー状態が一番良いと考えてい

るので、無理に頑張って仕事するということに対して懐疑的だ。我慢したり頑張ったりせざるを得ないときはあるけど、それはあまりうまいやり方じゃない。理想的には、どうしてもやりたいときだけそれをやって、やりたくないときは別にやらないというのが望ましい。自然に心が動くことだけやればいい。

自分が無理して頑張っていないかどうかって、たまに自分ではよく分からなくなってしまうけれど、そういうときには自分の体をよく意識してみるといい。

体が軽くてふわふわして無駄な力が入っていないようなときが、フロー状態に入りやすい。逆に、体がこわばっていたり凝っていたりしてつらいときは思考も硬直しがちだ。そういうときは散歩したり風呂に入ったりストレッチをしたりして、体をまずほぐしてやるのがいい。

体と精神は連動している。リラックスした柔らかい体からしか良い発想は生まれないし、こわばった体をそのまま酷使していると大体風邪を引いたり倒れたりしてしまう。病気というのは「ちょっと無理しすぎですよ」とか「あなたのやり方は間違ってますよ」という体からの危険信号の役目も持っている。

自分が楽に動ける場所

昔、内田樹さんのブログに影響を受けて一年くらい合気道の道場に通っていたことがあるんだけど、そのとき先生から教わったことでよく思い出すことがある。

自分より力の強い人に腕をぐっとつかまれて動けなくなったときに、それを力づくで振りほどこうとしたり抵抗しようとしてもうまくいかない。ではどうすればいいかっていうと、つかまれた腕はそのままにして自分の体をスッと相手の体の横などに移動させるのだ。そうすると位置関係が変わることで立場が逆転して、相手の攻撃はこちらに届かなくなり、相手は腕に力が入らなくてこっちは力を入れやすくなって、こちらが自由に主導権を握れるようになるのだ。

うまい人はそういう「どこに行けば自分が楽に動けるか」が自然と分かるようになるみたいで、合気道の先生がよく言っていたのは「力で対抗してはいけない。自分が楽に動ける場所に行けばいい。自分が楽に動ける場所は絶対あるから」ということだった。

人生においてもそんな感じで、頑張って力づくで無理矢理状況を変えようとするのってあんまりうまい方法じゃなくて、自分がそれほど力を入れなくても動ける状況を探すべきなのだ。もしどうすれば楽になれるのか全く見えない状況だったら、あまり焦らずに何かが見えるまでじっと何もせずに待ってみてもいいんじゃないかと思う。寒い冬は時間が経てばそのうち終わるものだし、状況はどんなときも必ず変化し続けるものだから。

だるい

「だるい」が多すぎる

「だるい」が口癖でいつもだるいだるいって言っている。ツイッターでもチャットでもリアルでも毎日「だるい」って言っていて、多分一日に五回～十回は言っているだろう。キーボードでＤＡＲＵＩって打ち込むのもだるくて、頭文字のＤだけで済ませてしまうことも多い。

僕から見たら、社会の他の人はどうしてだるくないんだろう、と思うばかりだ。よくみんな毎日特にだるがらずに、きちんと決まった時間に起きたり電車に乗ったり挨拶したりメールを書いたり会議に出たり道を歩いたり交通ルールを守ったり「最近どう？」とか相手を気遣ったり天気予報を気にしたり傘を忘れなかったり炊飯器のタイマーをセットしたりできるものだと思う。世の中はだるくて面倒臭いことばっかりだ。朝起きるのもだるいし外に出るのもだるい。人と会ったり喋ったりするのもだるいし、電車に乗るなんてだるいことの最たるものだ。ごはんを食べるのもだるいけど何も食べないと空腹感がやってくるのもだるい。風呂に入るのも歯を磨くのもだるい（やらないと気持ち悪くなるのでやるけど）。雨の日はだるいし夏は暑くてだるいし冬は寒くてだるい。朝は明るすぎてだるいし夜は暗すぎてだるい。地球上どこに行ってもだるいはつきまとってくる。

まあ、僕だって常にだるいわけではなく一日の3割くらいはだるくないときもあって、そういうときに何か用事を済ませたりするんだけど、基本はいつもだるいのでできるだけ毎日何もせずに寝て過ごしたい。予定なんて入っていないに越したことはない。

「だるい」を大切にしよう

まあ僕がいつもだるいのはそういう体質だからもうそういうものなんだと思っているけれど、そんな僕から社会を見て思うのは、もうちょっとみんな「だるい」を大切にしてもいいいんじゃないかということだ。

仕事を断ったり約束をキャンセルしたりするときに、「体調が悪いので」って言うと「まあ仕方ないね」って言われるけど、「だるいので」って言うと嫌な顔をされたりする。でもそれは理不尽な気がする。

仕方ないじゃないか、だるいんだし。だるいのを我慢して活動していると病気になったりするし、人間はだるいときはちゃんとだらだら休むべきだ。「だるい」を感じている段階だと休めなくて、体を壊す段階までいかないと休めないのは健康に良くないと思う。

（まあ、だるくても頑張らないといけない場合はよくあるし、自分が休むことで他の人に「だるい」を押し付けることになるのはあまり良くないので、他人に迷惑をかけない範囲において「だるい」は尊重されるべき、ってことだけど）（それでも最悪、自分の身は自分で守る、ということは覚えておかないといけない）

「だるい」という感覚はもっと大事にされるべきものだ。それは自分がやりたくないこと、自分が本当はやらなくていいことを見分ける重要な感覚だ。何かを拒否するときに「それがなぜイヤなのか」というのをはっきり言語化できなかったとしても、「何だか分からないけどだるいんだ」って拒否してしまっていい。直感を大事にしよう。

「だるい」は空から降ってくる

「めんどくさい」も「だるい」に近い言葉だ。だけど「めんどくさい」には「だるい」よりももう少し、「自分がそれをやりたくない」という、自分の「NO」という意志が入っている。

「だるい」はそうしたところも曖昧になっている。「自分がやる気がない」のか「やりたいけど気力がない」のか「やりたいのに体力がない」のかもはっきりしていない。肉体的なフェイズも精神的なフェイズも区別されていない。

また、「やったほうがいいけど自分がやりたくない」のか「そのやるべきことがどうでもいい内容だからやりたくない」のかも曖昧だ。自分が悪いのか相手が悪いのかその仕事が悪いのか、誰に責任があるかも分からないし責任の所在をはっきりさせる気もないし、とにかくだるいから仕方ないのだ。「だるい」という自然現象が突然発生したからもう人間にはどうしようもない、という感じだ。

本当は世の中のものは何でもそんなもんじゃないかと思っている。誰が悪いとかじゃなくても何か物事がうまく回らないってときはしょっちゅうあって、そういうときは誰のせいにもせず、「だるい」って言って休んでいればいいのだ。

なんで俺は「だるい」についてこんなに熱弁しているんだろう。だるい。

CHAPTER _02_07

ニートの才能

時間を潰す才能

僕が住んでいるギークハウスの居間には平日の昼間でも大抵何人かの人間がいる。住人やよく遊びに来る人に、ニートや、働いている人でも時間が自由に使える人が多いせいなんだけど、「あそこにいればいつも誰かがいるから遊びに行こう」みたいな感じで暇な人間の溜まり場のようになっていて、毎日誰かしらがやって来てはうだうだとどうでもいい話をしたり、ゲームをしたりインターネットをしたりして遊んでいる。

そんな木曜の午後にこの間話していたのは「ニートやるのにも向いている人と向いていない人がいるよね」ということだ。具体的には「お金をそんなに使わずに時間を潰すことができるかどうか」というようなことなんだけど。

例えばここ半年くらいは、僕は豊井（ニート・20歳）とプレステ2でひたすら格闘ゲームばかりして遊んでいる。ソフトは「サムライスピリッツ天草降臨」「CAPCOM VS. SNK 2」「THE KING OF FIGHTERS 2002」「ストリートファイターIII 3rd strike」といった五年前、十年前くらいの古いものばっかりで、全部人から借りたものかもらったものか中古ゲーム屋で五百円とか千円くらいで買ってきたものだ。千円なんてパチスロでも打ったら十分で消えるお金だけど、その千円で二人のいい年した人間が何十時間も飽きもせず遊んでいるわけで、ちょっとコストパフォーマンスが良すぎるのではないかと不安になる。

あと、たまに働いている人が「ゲームをやりたいけどやる時間がないから誰か代わりにやって」とか言って新品の新しいゲームを買ってきて、それをニートが毎日頑張って遊んでいたりすることもある。

最近流行っているのはボードゲームだ。ドミニオン、カルカソンヌなど、うちには十数種類のゲームが置いてあるんだけど、何人かで集まって卓を囲んでボードゲームを遊んでいるとお金を使わずに何十時間でも時間を潰せる。

ゲームは安上がりな娯楽だ

街に出て飲み会とかするのが好きな人はあんまりニートに向いていない。外で飲み食いすると結構お金がかかる。服や買い物が好きな人も向いていない。ギャンブルに走ってしまう人もだめだ。

一方、インターネットやゲームや本が好きな人はそんなにお金がなくても幸せに暮らせるんじゃないかと思う。僕なんかひたすらウィキペディアを読んでいるだけで何時間も過ぎていることがよくある。ウィキペディア、ユーチューブ、ニコニコ動画、ブログ、２ｃｈまとめブログ、各種まとめウィキなど、ネットにはお金をかけなくても楽しめる無料のコンテンツが既に大量に存在している。

何かちょっと物を作ったりすること

基本的には家にいるのが好きだけど、ずっと家にこもっているとやっぱり少し飽きたりするので、ときどき近所のカフェやファミレスにも行く。

よく、僕、豊井、似非原（ニート・27歳）の三人で近所のファミレスなどに行くんだけど、そのときはみんなノートパソコンや筆記用具を持っていく。僕はパソコンでブログを書いたりサイトをいじったり、豊井は絵を描いてネットにアップロードしたり、似非原はパソコンで音楽を作ったりプログラミングをしたりブログを書いたり、各自もくもくと何か作業をして時間を過ごす。コーヒーを一杯頼んでそれで二、三時間だらだらして、店にいるのにも飽きたらまた家に帰るといった具合だ。

思うに、何かちょっと物を作ったりすることを楽しみにできる人は貧乏に強い。創作は消費ほどお金がかからないし、作ったものがお金に変わることもときどきあったりする。

紙とペンさえあれば、もしくはパソコンさえあれば、楽器さえあれば、図書館さえあれば、何時間でも退屈しない、というタイプの人がよく訓練された年季の入った無職には多いように思う。ギター一本あれば何時間でも一人でぺらぺら弾いて遊んでいられるとか。故・中島らもは「『教養』とは学歴のことではなく、『一人で時間を潰せる技術』のことでもある」と言っていた。

逆に、一人で何か作ったり没入したりするよりも、他人と一緒にいたり共同作業をしたりするのが好きな人にとっては、淡々としたニートの生活は耐えられないかもしれない。それは優劣ではなく単なるタイプの違いだ。自分がどちらのタイプに属するかを知ることが人生を楽しむためには必要だ。ニートになったほうが幸せな人もいるし、働いていたほうが幸せな人もいる。

時間をお金で買うのはやめよう

僕はお金がなくてもわりとなんとかなるし、楽しいこともいくらでもできる。逆に、昔会社に勤めて働いていたときのことを思うと、今よりお金に余裕があったけど精神がすり減っていて毎日が全然楽しくなかったし、仕事でストレスが溜まって衝動的にそんなに必要でもない買い物をしてしまったり、仕事での疲れを和らげるためにお金を払ってマッサージに行ったりしていて、そんなときには本当に意味のないことをやっている気がした。そもそも仕事をしていなかったらその出費は必要なかったんじゃないだろうかと。

時間や体力の余裕があれば安く済むところを、仕事をしていると余裕がないので余分にお金を出して解決してしまうことも多かった。例えばちょっと離れた安いスーパーで買い物して自炊すれば美味しいものを安く食べられるのに、働いていると自炊する体力がなくてジャンクな外食ばかり（牛丼とかラーメンとか）になってしまったりとか。

あと、まとまった休みが盆とか正月とかゴールデンウィークなどの決まった時期しか取れないから、旅行に出かけようとしても割高な値段だったり、土日や祝日にどこに行っても混雑していて不快だというのも不満だった。

それは、会社に自分の時間を売ってお金を得たけれど、その得たお金でまた時間を買い戻しているだけのような気がした。それは本当に本末転倒というか、何をやっているのか意味が分からないなーと思ったし、別にお金があんまりなくても時間さえあれば僕は十分楽しく暮らせるような気がしたので仕事を辞めたのだった。

それ以来僕は毎日インターネットをやりながらお金はないけれどのんびりと暮らし

ている。天気の良い平日の昼間に街をのんびり散歩したり、人の少ない美術館に行ったりするのはとても快適だけど、働いているときはこんな簡単なこともなかなかできなかったのだ。

僕にとっては今のぶらぶらした暮らしが天職のようなものだと感じているし、この場所でしかもう生きられないなと思う。ただ、僕の生活はほとんどネットに支えられているので、ネットがなくなったら死ぬしかないかもしれない。まあ、世界に一旦ここまで普及したものは、核戦争でも起きない限りそうそうなくならないだろうけれど。

第3章

ニートの暮らしかた

➡ネット時代の節約生活法

ニートの歩き方

インターネット

CHAPTER_03_01

例えお金がなくても食べるものに困ってもホームレスになったとしても、絶対にインターネット接続環境だけは守らねばならない。インターネットこそ、仕事をしないニートが他人とつながり続けるための最後の通信手段であり、お金がなくても無限に暇が潰せる最強の娯楽であり、どうしようもない人生がなんとかなるかもしれない可能性を秘めた魔法の箱だからだ。

ネット回線

インターネットにつなぐにはネット回線とデバイス（パソコンやスマートフォン）の二つが必要だ。今住んでいる場所で既にネット回線が使える場合はそれでいい。そうでない場合はどうするか。

お金に余裕があるなら、イーモバイル、ＵＱ　ＷｉＭａｘなどの無線ブロードバンド

モバイルルーターの例

環境を持てると一番いい。これさえあれば月四千円ほどでどこにいても高速でインターネットをすることができる（エリアの制限はあるけど）。僕の知り合いのホームレスは、イーモバイルとノートパソコンを使って公園から毎日ツイッターで生活の様子を実況していて、それを見た人から差し入れをもらったりしていた。

もしくは携帯回線がつながっているスマートフォンだけでも結構戦える。機種によってはテザリングといってスマートフォン経由で携帯回線を使ってパソコンをインターネットに接続できたりもする（iPhoneだとジェイルブレイクという操作が必要）。

それも厳しい場合は、街中で使える無線LANを使おう。都会なら月に数百円で使える有料の公衆無線サービスの電波がいろんな店や駅などで飛んでいるし、会員登録をすれば制限付きで無料で使えるサービスもあったりする（セブンスポットなど）。また、街を歩くとときどき自由に使えるアクセスポイントが飛んでいたりする（使うと通信内容を盗み見られる可能性があるけど）。スマートフォン片手に街をうろついてネットが使えるスポットを探すのもいいだろう。

ネットカフェという手もある。ネットカフェはインターネットが使い放題、最新のマンガが読み放題、飲み物も飲み放題、シャワーも浴びられるし泊まることもできるという最強娯楽スポットだけど、一時間ごとにお金を取られるため日常的に多用するとかなりお金がかかるので注意。

デバイス

インターネットに接続するデバイスとしては、もちろんパソコンがあるのが一番いい。いろんなところに持ち運んでインターネットをしたり引っ越しのときに楽だというのを考えると、デスクトップよりノートパソコンのほうがいいだろう。お金があまりない場合は、秋葉原とか安いネットショップなんかで一万か二万くらいの古いノー

路上でインターネットをすることもよくある

トパソコンを買って、Ｕｂｕｎｔｕ（無料で使えるオープンソースＯＳのＬｉｎｕｘの一つ）でも入れて使えばいい。

古くてボロいパソコンでよければ余らせている人は結構いるので、ツイッターで「何でもいいからとにかくパソコンください！！！」とか言ったらわりともらえたりする。

パソコンがない場合、ちょっと不便だけどスマートフォンだけでも結構いろんなことはできたりする。ツイッターとかメールとか情報検索くらいならスマートフォンで全然問題ない。スマートフォンなら携帯が止められてもＷｉ－Ｆｉを使えばネットが使えるのでお勧めです。スマホだとゲーム機代わりにもなって、百円くらいで買えるアプリで数十時間遊べたりするし。

とにかく、インターネットにつなげるデバイスだけはなんとしてでも確保しよう。

住居について

家、それは人間が生活する上で最も基本となる場所だ。家と食べ物とインターネットさえあれば人間は生きていける。立派なニートを目指すには、まず家の確保からだ。

実家

実家で親と一緒に住んでいたりして既に住む場所がある人。その人はそれでいい。できるだけその状況を死守しよう。「親に依存するなんて親が死んだらどうするんだ」と言う人がいたりするけれど、会社に勤めていてその会社が潰れたら路頭に迷うような人はいっぱいいる。人間は誰でも何かに依存しているものだし、その状況が安定しているかどうかは程度問題にすぎない。できるだけ一つのものに依存する度合いを下げて、行動の自由が利くようにしておいたほうが有利ではあるけれど。まあ、何十年も先のことなんてどうなるか分からないし、とりあえず今なんとかなっているんならそれでいい。今考えてもどうしようもないことは、どうにもならなくなり始めてから考えよう。

シェアハウス

住む場所がなくて家を借りなければいけない、という場合にニートに手を出しやすいのはシェアハウスだ。もちろん、普通の賃貸マンションなどを借りられるならそれでもいいんだけど、シェアハウスのほうが賃貸マンションよりも借りる際のハードルが低い。

シェアハウスには業者が運営しているところと、個人が運営しているところがある。個人が運営しているところのほうがアットホームかというと必ずしもそうでもなく、各ハウスによって特色や雰囲気は全然違うので、実際にその家を見学してみてから決めたほうがいい。

シェアハウスの良いところはまず、初期費用が安く済むところだ。普通の賃貸マンションを借りる場合、最初に敷金、礼金、不動産紹介手数料などを取られることが多い。さらに家賃を払えなくなった場合の保証として、家族などを連帯保証人につけるか保証会社との契約を要求される。また、家具も一から揃えないといけないため、冷蔵庫、ガスコンロ、エアコン、洗濯機、テレビ、布団、衣類の収納ボックスなど全部買うとすると、住み始めるだけで二十万とか三十万とかかかることも珍しくない。

それがシェアハウスの場合は、大体のところは敷金や礼金は要らず、数万円のデポジット（退去時には一部、もしくは全額が返ってくる）を預けるだけのところが多い。保証人も大体の場合必要ない。さらに生活に必要な家具はあらかじめ揃っているので、布団と着替えと洗面用具とパソコンなどくらいを持っていけばすぐに生活を始められる。そこが大きなメリットだ（シェアハウスによって違うので確認は必要）。

ただし、初期費用が安く済む代わりに、毎月の家賃はそれほど安くなかったりする。個室を借りる場合、普通にワンルームマンションを借りるのとそんなに変わらないことが多い。ドミトリー（相部屋）ならさらに安く済むけれど。だから、初期費用は安いけれどランニングコストは高いので、一年や二年スパンで見ると賃貸マンションを借りたほうが得だったりもする。

シェアハウスのドミトリーの例

また、シェアハウスには本当にいろいろあって、良いシェアハウスだと一人暮らしよりも全然楽しかったりするけれど、相性が悪いと居心地が悪かったりするので注意。酷いところだと、いわゆる貧乏人を対象にした「貧困ビジネス」というやつで、住み心地など考えずにとにかく狭いところに人を詰め込んで、雰囲気も殺伐としている、といった家もあったりする。そういうところもあるのでシェアハウスを選ぶ場合はまず見学をしよう。

あと、シェアハウスだと「他人との交流が持てるかもしれない」というメリットもあるけれど、「プライバシーが守りにくい」とか「人間関係のトラブルが起きる可能性もある」といったデメリットもある。そのあたりは向き不向きがあるんだけど、みんな一度は共同生活をしてみるべきだとも思う。人生において家族と暮らすのと一人で暮らすのとしか体験しないのはもったいない。

ネットカフェ

ネットカフェも一つの選択肢だ。ただし、都会の普通のネットカフェだとナイトパックで一日泊まると二千円くらいかかったりするので、月にすると六万円、普通に家が借りられる値段ではある。マンガやネットが自由に使えて飲み物も飲み放題でシャワーも使えるというのはメリットだが、場所は狭いし、時間制で料金が増えるので、一日八時間借りて八時間寝るとしたら、寝る時間以外は外にいないとお金がかかってしまう。

ネットカフェ難民が集まることで有名な東京の蒲田などに行くとさらに安い価格帯の店

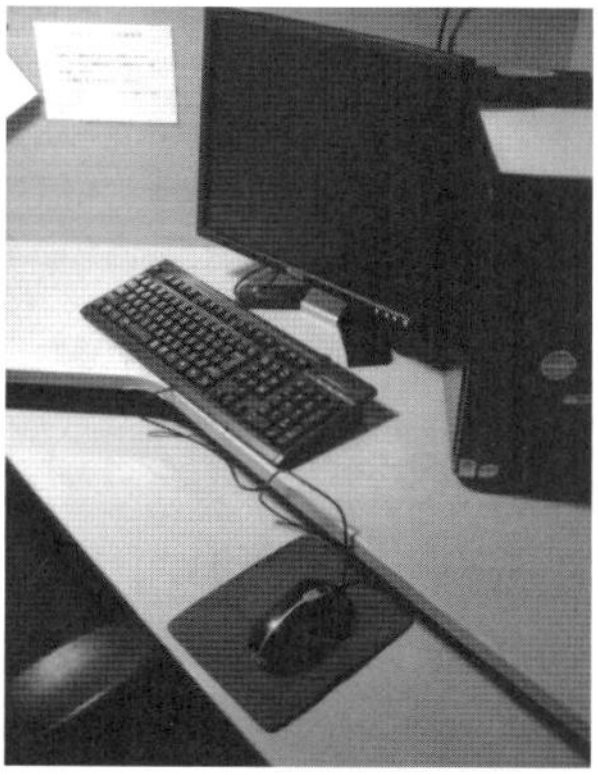

ネットカフェの個室

がたくさんある。その分設備はボロいけれど。短期的にはありだが、数ヵ月単位で住むならもうちょっと家っぽいところを探したほうがいいだろう。

安宿・ドヤ

ネットカフェが集まる蒲田は新ドヤ街と呼ばれていたりするけれど、もともとドヤというのは日雇い労働者が泊まる安宿のことで、大阪の釜ヶ崎、東京の山谷、横浜の寿町が日本三大ドヤ街と呼ばれている。ドヤ街に行くと釜ヶ崎なら一泊千円台から、山谷や寿町なら二千円台からくらいで泊まることができる。

日雇い労働者の減少によってドヤ街は昔に比べて廃れつつあるんだけど、最近ではもともとあった安宿を生かして普通に旅行者などを受け入れることを始めている宿が多い。釜ヶ崎の安宿は普通にホテル予約サイトの「じゃらん」(http://www.jalan.net/)で検索できたりする。

治安や清潔さが心配かもしれないが、旅行者向けにしている宿はそれなりに小綺麗になっているところが多い。泊まっているのは学生や外国人バックパッカーが多く、女性の宿泊客もいる。街の雰囲気はあまり上品じゃないけれど、よっぽど自分から変なところに顔を突っ込んだりしなければトラブルに巻き込まれることもないだろう。

居候

実家にも頼れないしシェアハウスに住む金もない、という場合は居候をしよう。家事をやっていると家事手伝いと呼ばれたり、居候先の人間と婚姻関係や恋愛関係があると主夫とか主婦とかヒモとか呼ばれたりするけど、全部やっていることはあまり変わらないので呼び名は何でもいい。実家に親と住んでいるというのも結局は血縁関係のある居候だということにすぎないし。

良い居候生活を送るためには、居候力を高めることが必要だ。居候力というのは「家事をきっちりこなす」とか「いても邪魔にならない」とか「なんだかこの人が住んでいると楽しい気がする」とか、そういう力のことだ。

一人暮らしは寂しいし、ちゃんと居候力がある居候なら家にいて欲しい、という需要は結構あったりする。家に広さの余裕があったり、住人がちゃんと働いていてあまり家にいなかったりして、家に一人くらい余計に住んでも邪魔にならないような家は探せばわりとあって、そういう友人や恋人の家にうまく住みこむことができれば居候ニートの完成だ。居候する際は居候させてくれる人に常に感謝の心を持ち、家事をきちんとこなしたり相手の感情に気を遣ってあげたりして、「この人が居候してくれていてよかった」と思われるようにしよう。

ホームレス

ホームレスをやっていた知り合いも何人かいるけれど、やっぱりつらいようなのであまりお勧めしない。特に雨の日とか冬とか。川沿いや公園にダンボールやブルーシートを使って家を建てれば雨はしのげるけれど、良い場所には既に住んでいる人がたくさんいて入りにくいし、役所が既にある家は黙認しても新しく建てることには厳しかったりするので、新規では参入しづらくなっている。

ホームレスも一時的な経験としてなら社会経験としていいかもしれないが、そこから抜け出せなくなるとつらいだろう。ホームレス支援団体というのが存在していて、ホームレスが多い場所では炊き出しを行っていたり、公的な援助を受ける相談に乗ってくれたりする。もしホームレスになってしまったら支援団体を頼ってみよう。

CHAPTER_03
食生活について

自炊

自炊と言っても本を裁断してスキャンするほうではなく、ごはんを作るほうです。食は生活の基本だ。自炊ができるかどうかでニート生活の質はかなり変化する。別にニートに限った話ではなく、「お金はいくらでもあるから料理なんてお金を払って人に作らせりゃいいじゃん」っていうお金持ち以外は、みんなある程度の自炊能力（最低限自分が満足できる食べ物を作れる能力）を身につけておくべきだと思う。

お金がなくて自炊もしないニートを何人か知っているけど、みんなひたすらインスタントラーメンを食べていたり、白米に醤油をかけただけのものを食べていて、たまに外食しても牛丼屋とか立ち食いそばとかばかりだったりする。そんなものばっかり食べていると健康にも悪いし精神的にも滅入ってくるので良くない。きちんと自炊をすればインスタントラーメンとあまり変わらない値段でちゃんとしたものが食べられ

料理が面倒臭いときは鍋一杯にカレーを作れば三日くらいもつ

るのだ。

ニート生活を楽しむにはお金のかからない暇潰しを持っていることが大事だけれど、料理はそういった点でも最適だ。そんなにお金はかからないし、追求しようとすればいくらでも深く追求できる。スーパーで食材を買ってきて料理をするところから始まって、凝ったことをしようとすれば「庭でハーブを育てる」とか「燻製を作る」とか「大豆を発酵させて味噌を作る」とかいくらでもやることはある。自分の食費も浮くし健康にもなるし、他人に振る舞うこともできるし、良いことだらけだ。

料理が作れると人とつながりやすいと

いうのも重要だ。「カレーを大量に作るよ」とか「鍋やるよ」とか言うと人がたくさん集まってくる。自分が料理をする代わりに適当に会費を集めれば、自分はお金を払わずにごはんをたくさん食べることも可能だ。

また、料理が作れると他人の家に居候できる確率がかなり上がる。ちゃんと料理を作ってくれるなら家賃はいらないからうちに住んで欲しい、っていう忙しい勤め人は結構いたりする。ニートの基礎教養として、できるだけ料理は覚えておこう。

料理のレシピについてネットで調べるなら、とりあえずは「クックパッド」(http://cookpad.com/ を参照)は外せないだろう。クックパッドで検索すれば大抵の料理は出てくる。料理が得意になってきたら自作のレシピをクックパッドに投稿していろんな人の評価をもらったりするのも楽しい。

貧乏料理について調べたいときは、2ちゃんねるがいい。料理板にもいろいろ情報があるし、一人暮らし板とか無職・だめ板を見ると「一ヵ月の食費八千円で頑張る」みたいなスレが立っていて、買い物の仕方とか節約レシピとかが紹介されていて勉強になる。2ちゃんねるのまとめブログを見ると、ちょくちょく「これ以上簡単な料理はない」「初心者でもできる料理教えて」みたいなスレッドのまとめが人気になってい

レシピ満載のクックパッド（http://cookpad.com/）

たりして、これもかなり使える。

　一人暮らしで節約して自炊する場合の一ヵ月の食費の目安としては、六千円だとかなりギリギリに頑張っているほう、一万円だとまあ普通、一万五千円だととときどき良いものを食べているな、という感じ。慣れないうちは食費を抑えるのが難しいかもしれないけれど頑張って欲しい。

　自炊をする際の買い物って、一回一回の料理で考えるんじゃなくて一週間くらいのスパンでまとめ買いをしたほうが安く済むので、そういう使い回し方を知るのも重要だ。そのへんは主婦向けの「オレンジページ」「レタスクラブ」なんかの雑誌でよく特集をしているので参考になる。

あと、参考に気軽に料理を学べそうなマンガを紹介しておきます。料理マンガって高級食材とか手間のかかったレシピとかばっかり載っていて、美味しそうだけど自分で作る参考にならないものもあるけど、ここでは日常的な料理に役に立ちそうなものを選びました。

■よしながふみ『きのう何食べた？』（モーニングKC）

四十代のゲイカップルが二人暮らしをしていて料理を作って食べるというマンガ。調理法が毎回細かく書き込まれていて普段使いのレシピが参考になるんだけど、ゲイカップルのストーリー的な部分も面白い、一冊で二回楽しめる作品。主人公の筧さんが作る料理は、日常的な料理だけど丁寧に作って副菜とかもちゃんと用意するタイプなので、ズボラな人はもうちょい適当にアレンジして作ったらいいと思う（僕もそうしている）。筧さんがスーパーで買い物するシーンの心理の動きとか参考になります。

『きのう何食べた？』

■うえやまとち『クッキングパパ』(モーニングKC)

二十五年以上の連載期間、百十巻を超える単行本を誇る長寿マンガ。全部揃える必要はないので、古本屋とかに行って安いのを適当に買ってくるといいと思う。物語内の時間は少しずつ流れていて、最初のほうと後のほうを見比べると赤ん坊が高校生になっていたりカップルが結婚して子供を作っていたりする。『クッキングパパ』で紹介されている料理はわりとざっくりした感じでとっつきやすいのが多い(全部著者が実際に作っているらしい)。みんな楽しそうに料理をするのも良い感じ。博多が舞台で博多の美味しいものがたくさん出てくるので、読んでいると博多に住みたくなる。

『クッキングパパ』

お金の支払い
CHAPTER_03_04

クレジットカード・デビットカード

決済用のカードを持っているとネットで何かちょっと買い物をしたり会員登録をしたりするのに役立つ。

もし今、会社員か大学生でこれからニートになろうとしている人は、辞める前にクレジットカードを作っておいたほうがいいかもしれない。ニートになってしまうとクレジットカードを作るのはかなり困難になるからだ。職のあるときに作っておけばその後ニートになってもそのまま使い続けることができる。

クレジットカードを持っていない人はデビットカードを作ろう。デビットカードがあれば結構クレジットカードの代わりになる。デビットカードはクレジットカードと同じように使えるカードだけど、違うところは銀行口座に入っているお金をそのまま使うということだ。つまり口座にあるお金の分しか使えないので、クレジットカード

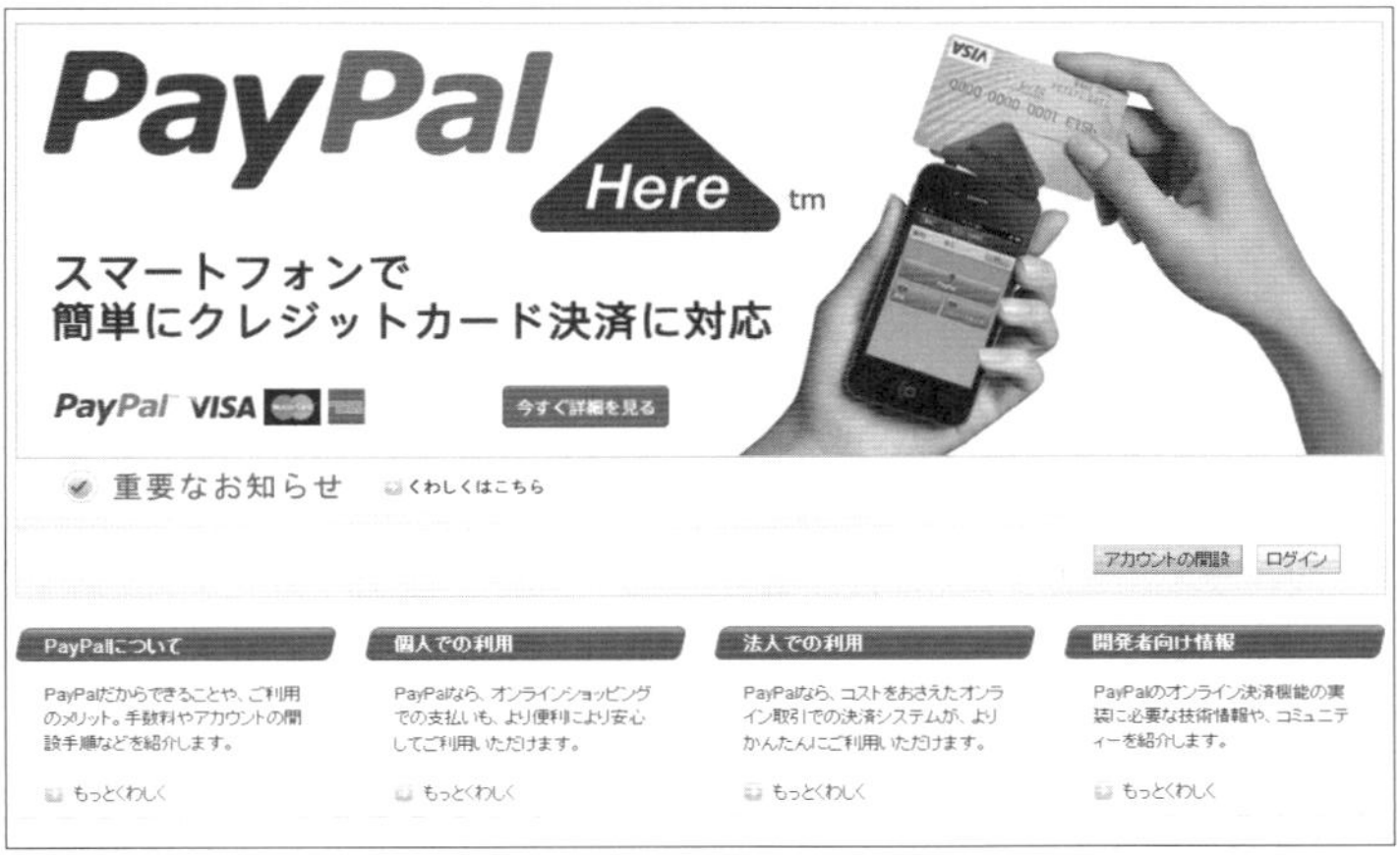

少額のやりとりに便利なPayPal（https://www.paypal.com/jp/）

のようにお金を使いすぎてしまうということがなくて安心だ。デビットカードは借金をするわけじゃなく口座にあるお金を使うだけなので、作る際の審査もクレジットカードのように厳しくない。銀行口座を作るときはデビットが付いてくる銀行にしよう。

PayPal

ネットでお金を払ったりもらったりする際にはPayPal（https://www.paypal.com/jp/ を参照）のアカウントがあると便利だ。

PayPalというのはネットでお金を送ったり受け取ったりするサービスで、

日本ではネット好きの人以外にはあまりメジャーではないが、海外ではネット上での決済手段としてすごくポピュラーなものだ。PayPalのアカウントがあると銀行口座やクレジットカードを使うよりも手軽にお金のやりとりができる。海外のネットサービスやネット通販ではPayPalを使っているものが多い。PayPalのアカウントを作るにはクレジットカードかデビットカードが必要なので、そのためにもカードは一枚作っておくといいだろう。

証明書・保険・年金

CHAPTER_03_05

ニートの歩き方

身分証明書

ニートになるということは、会社にも学校にもどこにも属さず、自分の身分を証明するのはただ自分だけになってしまうということだ。そういうときに何か一つ身分を証明できるものを持っておくと役に立つ。具体的には何かの店に会員登録をするときとか、古本屋に本を売るときとか。

何も証明書を持っていない人には原付免許（原動機付自転車免許）を取るのをお勧めする。原付免許は教習所に通う必要もなく、筆記試験を受けてその後に講習を受けるだけで、試験にさえ合格すれば一日で取れる。かかる金額も一万円ちょっとだ。実際に原付に乗らなくても、免許証があるだけで結構便利だ注。

国民健康保険

ニートは体が資本。健康には気を遣うようにしよう。だけど人間、突然ケガをしたり病気になってしまうことはある。そういうときに健康保険があると安心ではある。日本では会社に勤めていない人（自営業やニート）は全員国民健康保険に入ることになっている。国民健康保険に入っていると医療費の自己負担額が３割になる。つまり五千円の治療なら千五百円で受けられる。

だが国民健康保険の保険料というのが結構高い。僕の場合、年収がゼロに近いときは確か毎月の保険料も千円くらいだったけど、年収八十万くらいだった翌年の保険料は（保険料は前年度の年収を基準に計算される）、毎月八千円くらいだった。ニートに

注）その後、身分証明書として写真付き住基カードを作るという手も良いという話を人から教えてもらった。それでもよさそう。

は結構キツい額だ。ちなみに住んでいる自治体によって金額の計算方法は変わってくる。しかし健康は大事だ。人生は一度きりだし、体の悪いところを放置して寿命を縮めてしまうのはもったいない。できるだけ払うようにしよう。お金がなくて払えない場合は、役所で相談すると払うのを待ってもらったり払う額を減らしてくれたりもするので、とりあえず役所に行ってみよう。

国民年金

20歳以上60歳未満の日本国民は全員国民年金に加入することになっている。だがこの年金料は毎月約一万五千円（二〇一二年現在）とニートには結構厳しい額だ。しかも年金制度自体がもうかなりヤバい、今の若者が老人になる三十年後、四十年後には破綻している、というのもよく言われている。ただ、破綻すると言ってもずっと年金を納めてきた人が全く納めなかった人と同じ扱いになるというのだと暴動が起きそうなので、何らかの処置は取られるんじゃないのかな。分かんないけど。年金を払う代わりに今から自分で貯

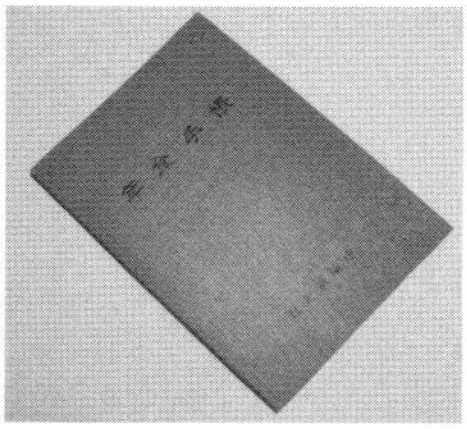
年金手帳

金して老後に備えることができる人ならそっちのほうが得かもしれないけれど、そういうのをするつもりもなくてお金の余裕がある場合は、とりあえず払っておいたほうがいいんじゃないだろうか。

また、国民年金を払っていると、老人になったときに年金がもらえるだけではなく、ケガをしたり精神を病んだりして障害者になった場合に障害年金がもらえるというのもある。きちんと国民年金を払っていないと障害年金はもらえない。

国民年金も、収入の少ない人は支払う額を減らしてもらったり、免除してもらえるという制度がある。払えない人は役所に相談してみよう。

仕事について

CHAPTER_03_06

ニートの歩き方

雇用保険

一般に「失業保険」と呼ばれたりもする、失業した人が新しい仕事を探すまでの生活を助けるための保険。あくまで求職者のための保険なので仕事を探さずにずっとニートをやりたいという人向けではないが、仕事を辞めて何ヵ月かぶらぶらニートをやりながら新しい仕事を探す、みたいなときにはとても助けになる。

会社で働いているときに給与明細を見ると「雇用保険料」という名目でいくらかの金額が引かれていると思う。そのお金が失業者に分配されるという仕組みだ。

もらうためにはある程度の期間、会社に勤め続けていた必要がある。また、いつからもらえるかが仕事を辞めた理由によって違うので注意。会社の事情による「会社都合退職」だと辞めてすぐにもらえるが、自分の事情による「自己都合退職」だと辞めてからもらえるまでに三ヵ月くらいかかる。ただ、場合によって細かいところは変わるので、とりあえずハローワークで相談してみるのがいいだろう。

もらえる金額や期間は働いていたときの給料、働いていた期間、年齢などによって変わる。また、職業訓練を受けるとその期間は雇用保険をもらう期間を延長できるという制度もある。

基本的には全てハローワークで手続きを行う。分からないときはハローワークで相談しよう。

職業訓練

定職に就いていないふらふらしている人たちの界隈にいると、わりと周りに職業訓練を受けている人が多かったりする。どうせニートで暇をしているなら職業訓練を受けるのはありだ。何らかの技術が身につくし、暇潰しにもなる。あと、大人になるとなかなか「学校に通う」ということがなかったりするので、教室でクラスメイトと机を並べて授業を受けるのは新鮮だったりする。まあ毎日行くのは結構だるいけど。

職業訓練はお金がかからないものが多いし、ものによっては受けている間はお金がもらえるものもある。職業訓練にはいろんな職種・期間・形態があるので、どんな職業訓練が募集されているかは地元のハローワークに情報が集まっているので行って相談してみよう。ただ、職業訓練も地方ではあまり種類や数がなかったりする。東京などに出てくるとたくさん実施されているんだけど。

ウェブ系の職業訓練の募集例

向き不向きがあるので全員に勧められるわけ

ではないけど、個人的に勧めたいのはプログラミング、ウェブデザイン、ネットワーク管理などのウェブ系（インターネット系）の職業訓練だ。その理由は次のとおり。

■ウェブ業界は比較的自由だ

もし仕事をしたいと思ったときに、ウェブ業界は他の業界よりは息苦しさが少ないかもしれない。

ウェブ業界自体の歴史が新しいこともあって、会社自体も若い会社が多く、できたばかりの小規模なベンチャーなんかもたくさんある。そのため、昔ながらの堅苦しい規則やルールが他の業界に比べて少ない。具体的には、出社時間に自由が利く、場合によっては在宅勤務もあり、服装や髪型にうるさくない、転職する人が多い、仕事中にインターネットを見てても大丈夫、などだ。もちろん会社によって社風は全然違うので確認する必要はあるけれど。

■ウェブ業界は転職や独立がしやすい

ウェブ業界は転職が多い。転職するということはあまり特別なことじゃなくて、知り合いのエンジニアを見ていても「五年も同じ会社にいればかなり長いほう」というような話をよく聞く。結局エンジニアというのは手に職つけた職人なので、スキルがあればどこにでも渡っていけるのだ。会社から独立してフリーランスでエンジニアやデザイナーとして稼ぎ始める人も多い。

職業訓練というのは会社に就職するための制度なので、職業訓練を受けた後、いきなりフリーランスになるというのはまずい。だけど、職業訓練で基礎的な知識を学んで、その後どこかのウェブ系の会社で何年か働いてスキルやノウハウや人脈をゲットしておいて、会社が合うようならそのまま働いたらいいし、会社が合わないようだったら別の会社に転職するとかフリーランスとして働くとか、ニートとしてウェブでアフィリエイトで稼ぐのを目指したりする、というコースを描くのはありだと思う。

■インターネットが楽しくなる

僕がそうだったんだけど、ウェブ関係のスキルがある程度あると、インターネットで遊ぶのがさらに楽しくなる。ちょっとしたことで気軽にサイトを作ったりプログラムを書けたりすると、かなりネットでできることの幅が広がるのだ。

CHAPTER_03_07
どうしても困ったら

支援団体

もし何かの問題で本当に困ってどうしようもなくなってしまったら、支援団体を頼るのも一つの手だ。ニート、ひきこもり、不登校、精神障害、体の病気や障害、ホームレス、ギャンブル依存、アルコール依存、薬物依存、多重債務など、結構どんな問題にもそれを助けてくれるNPOだとか自助グループだとかが存在している。

そういう団体に相談したからと言って魔法のように問題を解決してくれるわけではないけれど、そういう団体にはその問題に詳しい人がいて利用できる法的な手段や公的な福祉について詳しく教えてくれたりするし、あと同じ悩みを持っていて悩んでいる人の仲間を作れたりもする。差別せずに話を聞いてもらえる人がいるだけでもだいぶ気は楽になる。

ネットで「ニート 支援」「ニート NPO」「ニート 自助」などのキーワードで検索

すると情報が出てくるので、困ったら自分の家から近いところにある団体に連絡を取ってみよう。

生活保護

どうしてもお金がなくて働くこともできなくて生活が成り立たないというときは、生活保護を受けるというのも手だ。生活保護を受けるということに後ろめたさを感じて躊躇する人も多いが、国で定められた制度なのだから気にせずに利用すればいい。働いて自立できる人とそれができない人の差は紙一重だし、近代国家ならば全ての国民に健康で文化的な最低限度の生活は保証されて当然だ。

生活保護の申請が通りやすいかどうかというのは、申請する自治体によってもかなりいろいろだし、担当者によっても違う。弁護士やＮＰＯ法人の人や法律に詳しい人を連れていくと通りやすいという話もある。

しかし、生活保護を受けている人を何人か見て思うのは、生活保護を受けるのもいろいろと面倒でだるい、ということだ。

最初の申し込みの時点で結構手続きが面倒臭いし、役所によっては担当の係員が協力的ではなかったりすることもある。また、生活保護では最低限生活するためのお金をもらえる代わりに、持っているお金や物が制限される。自治体によっても違うようだけど、とりあえず公的な施設に入居することが条件だったりもする。あと役所の人と定期的に会って話す必要があって、基本的には働ける人は働くべしという制度なので、特に働けない理由がなければ働きなさいという指導を定期的に受けることになる。

一旦は生活保護を受けたけど、そうした制約や束縛に耐えられなくて生活保護から逃げ出してホームレスに戻ってしまった人も知っている。そう考えると生活保護も万能のセーフティーネットではない。生活保護でも救われない人はいる。しかし、一つの奥の手として覚えておくといいだろう。闇金に手を出したり餓死したりするよりはマシなことは間違いないので。

あと、生活保護を受ける際には実家に連絡がいくので注意。家族や親族が「この人はうちでは扶養できません」と言わないと生活保護の許可は下りない。

小銭稼ぎ

CHAPTER_03_08

ニートの歩き方

ここでは、今まで僕が経験したうちで、まともに労働するのが苦手な人でもできそうな小銭稼ぎを紹介してみる。ただ、「誰でもこのとおりにすれば稼げるよ」というものではなく、あくまで一例として「こんなのも世の中にはあるんだ」という参考として受け取って欲しい。実際には本に書いてあることよりも、知り合いから直接口コミで教えてもらった情報が一番頼りになると思う。いろんな話を参考にしつつ、自分なりのメイクマネー手段を何か見つけよう。

アフィリエイト

アフィリエイトとは、インターネット上のサイトに広告を貼って報酬を得る仕組みだ。契約のタイプとしては、広告をクリックされるごとに何円か入るもの、広告をクリックした人が商品を買うと売上の何％かがもらえるものなどがある。

アフィリエイトというのはなんか濡れ手に粟みたいなイメージがあって、「アフィリエイトを貼れば主婦が家でパソコンを操作するだけで月収三十万！」みたいな煽り文句の本とか情報商材が売っていたりするんだけど、実際はそんなに美味しいものではない。アフィリエイトをやっている人の95％ぐらいは月に五千円の収入もないと思う。

では全く稼げないのか、というとそうでもない。ちゃんと頑張ってやれば稼げる。ただしちゃんと稼ごうと思うと「どんなサイトが人気があるのか」「どんなアフィリエイトが利益率が良いのか」「サイトに人を集めるにはどうしたらいいか」「クリックされやすい広告の位置はどこか」「サイトをこまめに更新し続ける」など、結構な努力が必要になってきて、普通にだるい仕事だし、そんなに仕事量に比べて儲かるわけでもない。ＨＴＭＬやＣＳＳなどのサイトを作るための基本的な知識や、場合によってはプログラミングの知識も必要になってくるので、誰でも簡単にできるというものでもないし。

僕自身のメインの収入源もアフィリエイトなんだけど、僕はどんな風にやったらお金を稼げるかというのを考えるのが面倒臭くて、趣味で作ったサイトにあまり考えずに適当に広告を貼っているだけなので、アクセス数のわりにそんなに稼げていない。それでも月に八万円ほどは入っているけれど。ただこれも、僕はサイトを作ったりブログを書いたりするのが好きで向いていたのでうまくいっているだけで、他の人が僕と同じやり方でできるかというと難しいと思う。

まあ、こまめな作業が苦にならなくて、ネットが好きでネットに詳しい人なら試してみてもいいと思う。元手として必要なのは作業用のパソコンとレンタルサーバ代ぐらいだし。アフィリエイト会社に登録するときにカード番号が必要な場合があるので、興味のある人はクレジットカードかデビットカードを取得しておくといい。

せどり・転売

今は個人でも、ヤフーオークションやアマゾンマーケットプレイスなどのネットサービスを使えば誰でもネットで物を売れる時代だ。ネットオークションの使い方はとりあえず覚えておいて損はない知識だと思う。僕も一時期ブックオフで本を仕入れてネットで売るというせどりをメインの収入源にしていた。

本格的に商売にしない場合でも、自分が読み終わった本とか聴かなくなったＣＤとかをお金に換えられるのは便利だ。友達が本とかゲームとか家具とかを捨てようとしているときに、「捨てるくらいならくれ」って言ってもらってきて売るなんてこともできる。

ちゃんと稼ごうと思ったら「どんな商品が売れ筋かを調べる（相場はよく変わるのでこまめにチェックすることが必要）」「こまめに仕入れ作業をする」「こまめに発送する」などの作業をしなければならないのでわりとだるいけれど。

仕入れ先としては、ブックオフで古本を買ってくるのは最も手軽だけれど、手軽なものは競争相手も多いのであまり稼げない。せどりや転売で稼いでいる人の仕入れ先は多種多様だ。他のネットショップで買ったものをそのまま別のネットサービスで転売したり、海外のネット通販やオークションから品物を仕入れてきたり、自分の近所の店でしか売っていない品物をネットで全国に転売するとか、すぐに売り切れになる新品の商品を買っておいて半年くらい寝かせてから売るとか、物を入手できるなら何でもありだ。自分なりの独自の売れ筋商品と仕入れ先を開拓できた人が稼げているようだ。人間はみんなそれぞれ自分の趣味などで詳しい分野はあると思うので、そういう知識を生かすと他の人が知らない売り物になる商品を見つけやすいかもしれない。

頑張ればたくさん稼ぐこともできるし、片手間に少しだけ働いて小遣いを稼ぐというのもできるし、働き方に柔軟性があるという点では手を出しやすい。

治験

治験というのは簡単に言えば新薬の実験台だ。そう言うと怪しく聞こえるけど、実際にはそんなに胡散臭いものではない。

薬というのは発売する前に実際の人体に投与したデータを得ることが法律上必須なので、治験は新しい薬を開発する上で絶対に必要なのだ。人間を対象とした治験をする前に、人体に害がないかはちゃんと確かめられている。まあ、「絶対安全かどうか」は分からないけれど、僕は「まあ大丈夫だろう」と思っている。実際にそのへんで売っている薬や食べ物だってひょっとしたら害があるのが十年後に分かるかもしれないし。

治験の募集はネットで検索すればいくつか出てくる。治験に参加するのは仕事ではなくボランティアという扱いなので、もらえるお金は「ボランティア協力費」や「謝礼金」といった名称になっていることが多い。

内容は、薬を飲んで、一日に何回か採血・尿検査・血圧測定・心電図測定などの健康診断をしてデータを取るだけ。検査のとき以外は何もしなくていい。検査以外にやることはないので暇潰し用にマンガやＤＶＤがたくさん置いてあったりする。最近はＷｉ-Ｆｉが使えるところも多いのでパソコンを持ち込めば無限にインターネットができる。ごはんは一日三食健康的な食事が出る。

ただし「治験期間中は病院の外には出られない（長期の治験だと散歩タイムがあったりする）」「食事は決められたもののみで喫煙・飲酒は禁止」などの制限がある。期間は一日や二日のものから二ヵ月くらいのものまでさまざまだ。

治験でもらえる金額はさまざまだが、一日あたり二万円から三万円くらいのところが多いようだ。一見多く見えるが、丸一日二十四時間拘束されるわけだから、時給に直すと千円くらいだったりする。それでも、特に何か頑張らなくても薬を飲んで検査を受けるだけでお金がもらえるというのは労働が苦手な人間にはありがたい。採血で何回も注射されたりするのでそういうのが苦手な人にはキツいけど。

条件としては、健康でないと受けられないというのがある。普段から薬を飲んでいる人はダメだし、喫煙者が弾かれることも多い。大体は男性向けで、女性向けは少ない。年齢にも制限があって、20歳から、30歳とか35歳くらいまでになっているのが多い。

また、治験を一回受けるとその後四ヵ月は治験を受けられないという決まりがあるので、一年中治験を受け続けて荒稼ぎするというのはできない。それでも一年に二回、数週間から一ヵ月くらいの長期の治験を受ければ、年収百万円くらいは可能なのでそれだけで最低限の生活はできるだろう。治験に入っている間は全くお金を使わないので貯まるし。

あと、海外でも日本人向けの治験があって、世界中を旅するバックパッカーに「お金なくなってきたからちょっと治験受けにロンドン行ってくるわー」みたいな感じで人気だったりする。

その他

他にも「新商品を試して感想を言うだけで何千円かもらえる商品モニター」とか「飲食店でごはんを食べて感想を言うモニター」とか「パチプロに雇われて指定された台でパチンコを打つだけの打ち子」とか、ダメ人間でもできそうな小銭稼ぎはいろんなところに転がっている。そういうのは求人誌などには載っていないから知り合いから口コミで回ってくることが多いため、そういう情報を交換し合えるダメ人間の知り合いをたくさん持っておこう。

ニートのためのブックガイド

本文で紹介したもの以外で「ニートはこんな本を読めばいいんじゃないか」という本を紹介してみる。ニートにはできるだけ本を読むことを勧めたい。本を読むのって大事だ。一つは、それはいろんなことを考える力を付ける基礎になるから。本の中にはいろんな人間のいろんな思考が渦巻いていて、しかもインターネットよりも密度が濃い。情報を調べるときも、ちょっとしたことならグーグルやウィキペディアでいいけど、ある程度以上の質を求めるとやはり本のほうがいい。文章を読むことと書くことを自分の日常に取り入れられれば、自分の中に豊かな世界を作り上げられる。

あと、暇潰しとしても本は最適だ。本、特に活字の詰まった本は、一冊で何時間も楽しめるから他のいろんな娯楽に比べて潰せる時間のコストパフォーマンスが高い。面白い本は世の中に無限にあるし、図書館に行けばタダで何冊でも借りられる。図書館とインターネットさえあればお金をかけずにいくらでも時間を潰せてヤバい。

ビッグコミックス

『闇金ウシジマくん』

真鍋昌平

闇金業者のウシジマくんを案内人とした格差社会の地獄巡りマンガ。「貧乏でも結構楽しい」とは言ってもやっぱりお金がないといろいろ大変なのも事実。ニートこそお金がないことの危険さをしっかり知っておかなきゃいけない。ニート的には「フリーターくん」「生活保護くん」あたりの話が身にしみる。

『この世でいちばん大事な「カネ」の話』

西原理恵子

「『暴力』と『貧困』が居場所を奪う」。貧乏な家庭、貧乏な地域で育ってお金がないことの悲惨さを嫌というほど体験した子供時代から、上京して漫画家として成功して数千万をギャンブルで失うところまでを体験した西原理恵子の体重の乗ったリアルなお金論。マンガではなく活字の本です。

角川文庫

PHP研究所

『「ニート」支援マニュアル』

工藤啓

うまく働けなくて苦しんでいるニートやその家族、支援者に向けてのアドバイスが詰まった本。「絶対に働け！ 頑張れ！」という暑苦しい感じではなく「働くのも大変だけど働かないよりはラクなことが多いので働きたいと思っている人を支援したい」という淡々とした実務的なスタンスなのが良いです。

『働くことがイヤな人のための本』

中島義道

「一般社会に適応できない」とか「人生の理不尽さに納得できない」といった悩みを「そんなもんだから仕方ない」と諦めてしまうのではなく、しつこいくらいにくどくど考え続けることに定評のある哲学者の中島義道さんの本。働くのがイヤな五人の人物との対談形式でさまざまな思考が語られます。

新潮文庫

『青空人生相談所』

橋本治

ちくま文庫

僕が十代二十代でかなりハマった橋本治による人生相談本。1980年代の本なので口調などに若干古さを感じるかもしれないけど、出てくる悩みのパターンやそれに対する回答の思考の鋭さは今でも有効だと思う。短い質問文から悩みの本質をえぐり出して遠慮なく踏み込んでいく手つきがたまらないです。

『人間臨終図巻』＜新装版＞全四巻

山田風太郎

古今東西のいろんな人の死ぬときの様子だけを若いほうから年齢順に集めた本。自分より若く死んだ人の話を読むと今生きていることのありがたさを感じるし、若い頃にすごい仕事をした人も死に際は孤独で惨めだったりして、死について考えると仕事とか世間体とかがどうでもよくなってくるので良いです。

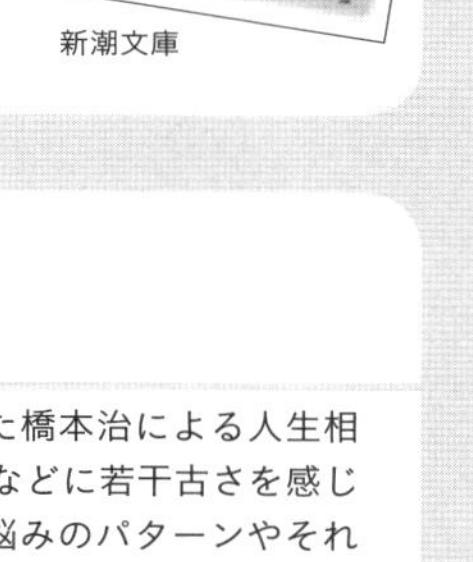

徳間文庫

秀和システム

『Bライフ 10万円で家を建てて生活する』

高村友也

田舎に安い土地を買って小屋を立てて生活費月二万円で暮らしている人が書いた本。何もないところから生活の全てを手作りしていくのはワクワクする。「Bライフ研究所」「10万円で家を建てて生活する寝太郎のブログ」というサイトをもとにした本なので、とりあえずサイトを見てみるといいかも。

『貧乏人の逆襲 増補版』

松本哉

東京の高円寺に「素人の乱」というよく分かんないムーブメントがあるんだけど、その中心人物の松本さんが書いた本。貧乏人が集まって路上で鍋をやったり店をやったりデモをやったり選挙に出たり、お金がなくても町にのさばって騒いで面白おかしく生きていくためのノウハウと体験談が詰まっている。

ちくま文庫

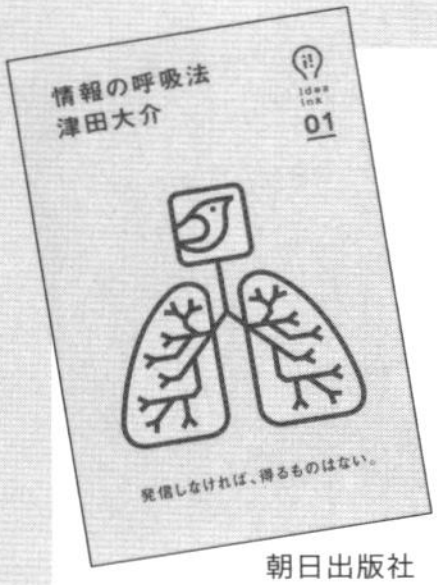

朝日出版社

『情報の呼吸法』

津田大介

「ツイッターの第一人者」と呼ばれる金髪ジャーナリストの津田さんの本。ニートとか貧乏とかには特に関係ないけれど、ツイッターやフェイスブックが空気のように日常に溶け込んだ世界の中で、個人がどうネットを活用して面白いことをするか、ということについて基本を押さえるのに良い本です。

『社会学入門 人間と社会の未来』

見田宗介

岩波新書

社会学というのは物事についての多様な見方を提供してくれる学問だ。揺るぎなく存在しているように見えるうっとうしい常識とか制度とかが、意外と相対的で一時的なものにすぎないと気づかせてくれたりして、知るとちょっと社会の中で生きるのが楽になったりする。見田先生は凄く壮大なロマンチストで良いです。

『そうだったのか！ 日本現代史』

池上彰

集英社文庫

今自分が生きている社会のことを理解するためには、それがどんな経緯を経てできあがったものかを知ると分かりやすい。なので簡単にでも現代史を知っておくことをお勧めします。池上彰さんの本は他にもたくさん出ているので、社会、経済、現代史、国際関係などについての教科書代わりにすると良いと思う。

『増補 経済学という教養』

稲葉振一郎

ちくま文庫

貧乏だと「金持ちが全部悪い」とか「資本主義は悪だ」とかそっち方向にいく人もいるけれど、世の中はそんなに単純な陰謀論でできていない。そんなに簡単な悪役はいないし、なんだかんだ言って資本主義や市場競争はよくできたシステムだ。そのへんを学ぶために経済学について少し知っておくといいかも。

第4章

ニートのこれから

→社会・人間・インターネット

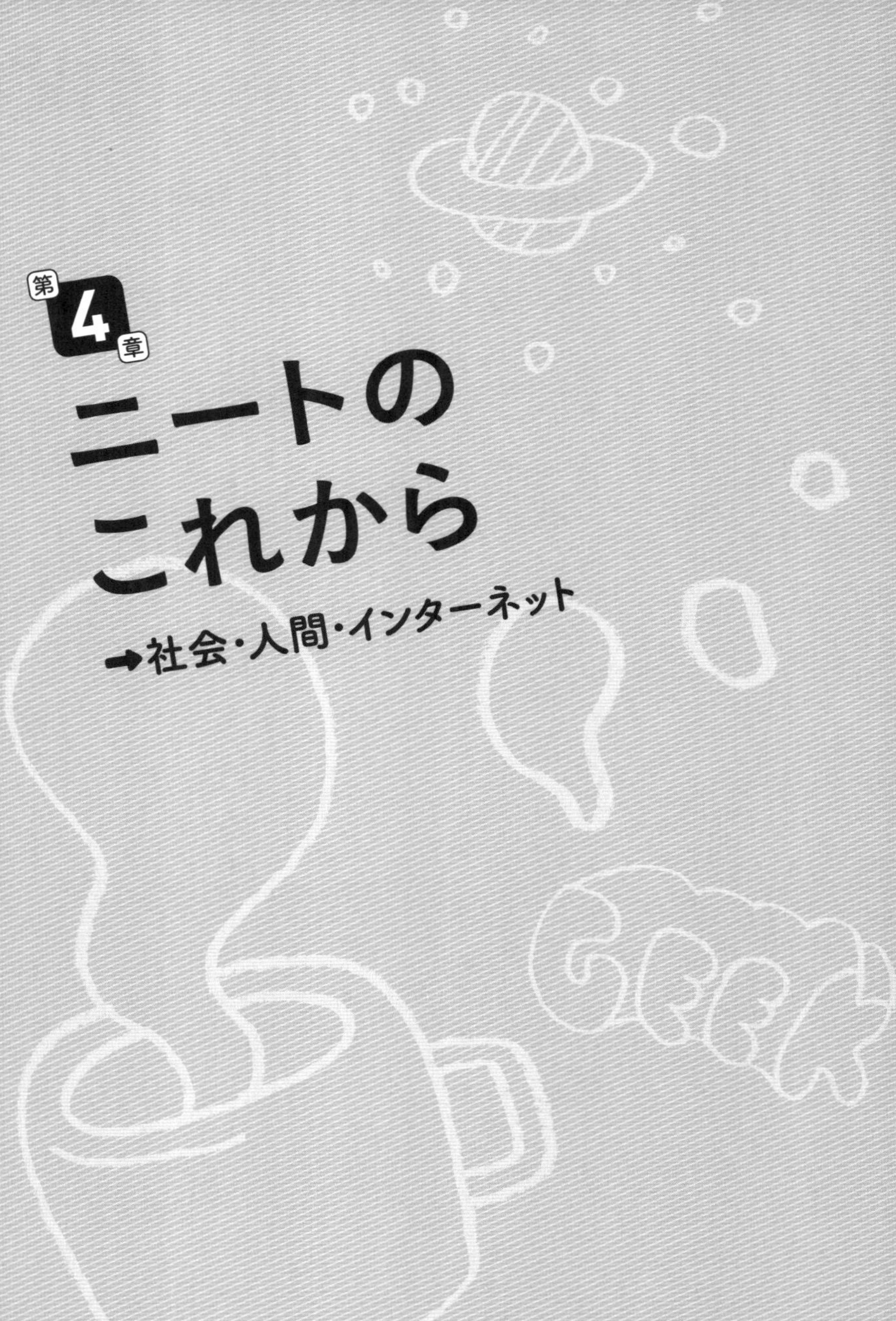

CHAPTER_04_01

ニートは自己責任か？

自己責任論はおかしくないか？

ニートだとかひきこもりとか生活保護受給者だとか、自分でうまくお金を稼げない人に対して「それはその人の自己責任」「努力しない人間を助ける必要はない」「働かざる者食うべからず」って言って切り捨てようとする人が今の日本では多い気がするんだけど、僕はそれはちょっと違うんじゃないかと思っている。本当にその人の生活がそうなっているのはその人の責任なんだろうか。

僕の感覚では、別にニートに限らず何事においてもだけど、自己責任と、それ以外の自分でどうしようもないことの割合は50%50%くらいだ。だけど、今の日本社会では9割くらいが自己責任に押し付けられているように感じる。

自己責任論を主張する人たちは「普通に頑張ればなんとかなるはずだ」と言う。しかし、ある人の生活がうまくいかないとき、それは本人の責任ではどうしようもない原因のせいであることが多くないだろうか。

そもそも人生のスタートからして、人間は自分が金持ちの家に生まれるか貧乏な家に生まれるかを選ぶことができない。その人が仕事がまったくできなくて人間的にもすごく嫌な奴だったとしても、金持ちの家に生まれれば援助してもらったり資産を引き継いだりしてなんとか生きていける。でも貧乏だとそうはいかない。お金がないと嫌なことや向いていないことでもやらなきゃ生きていけない。

また、人間がどんな性格になってどんな能力を持つかというのは、親から受け継いだ遺伝的な要因や育った家庭状況に結構影響されてしまうものだ。だけど、持つ遺伝子も育つ家庭も子供は選ぶことができない。経済的に裕福で人格も円満な両親のもとで育てられるか、貧乏でアル中で子供を毎日のように殴る親のもとで育てられるかは、全くの運次第だ。

ゲーム風に言うと「人生は初期設定によって難易度がイージーかベリーハードかが違いすぎるクソゲーなんじゃないの」ということだ。良いパラメータが出るまで何回もリセットするとかもできないし。

さらに、突然の事故だとか病気だとか災害だとか、もしくは予測不可能な社会の変化だとか、そういった自分では対処しようのない理由で、財産や職や大事な人間を失ってしまうことだってこの意味不明な世界にはいくらでもある。自己責任論を言う人たちは、そもそもある程度恵まれた環境で育って、たまたま予想外のアクシデントにも合わずにこれまでの人生を送ってこられたせいで、そうじゃない人生のことが想像できていないんじゃないだろうか。

こういったことを言うと、「恵まれない環境に生まれ育っても、頑張って社会的に成功している人はちゃんといる」と反論する人がいるかもしれない。

確かにそういう人はいる。でもそれはレアなケースにすぎない。

全体的に見ると、収入の多い家庭に生まれた人の子供は収入が多い大人になる確率が高いし、貧乏な家庭に生まれた子供は貧乏な大人に育つ確率が高い。どんな性格に育つかというのも育った環境にかなり影響される。環境で全てが決められてしまうわけではないし、自分で向上心を持って努力することは大事だけど、自分ではどうしようもない環境に左右されることが多いのも事実なのだ。

「恵まれない環境に生まれ育っても、頑張って社会的に成功している人」というのはたまたまうまくいったケースにすぎないし、レアケースを一般化してはいけない。ゲームをベリーハードモードでクリアした人が何人かいたからと言って、ベリーハードモードに挑戦した人の平均得点が低いという事実は変わらない。一部のレアケースを取り上げて「努力次第でなんとでもなる」と言うのは、環境の違いによる格差を個人に責任転嫁して、個人を追い詰めてしまうことになるのであまり良いことじゃない。

階級と平等の世界史

金持ちの子供が金持ちに、中流の子供が中流に、貧乏人の子供が貧乏人に育つということを、社会学の言葉で**階級の再生産**という。

この階級の再生産が昔から全く改善されてこなかったわけではない。ずっと昔の時代は、王様は王様、貴族は貴族、平民は平民、奴隷は奴隷という風に、今よりも全然厳しく階級が固定されていた。階級の移動は今よりもずっと難しくて、多くの人が人生をどんな風に過ごすかは今よりももっと生まれながらに決定されていた。

しかし、歴史が進むにつれて次第に下の階級の人間が力を持ち始める。そして「人間はみんな平等なはずだから生まれながらに決まっている階級があるのはおかしい」という考え方が盛り上がってきて、革命が起きて王様が殺されたり貴族制度が廃止されたり奴隷が解放されたりしてくる。

差別、というのは自分では選べない生まれた環境や肌の色や性別や身分などで人間を分けることを言う。もちろん21世紀の今でも世界には差別はたくさん残っているけれど、それでも昔に比べると少しずつマシになってきている。それがこの人類の世界史の大きな流れだ。

その世界史の流れの中では、全ての階級や格差を廃止して人間を全て平等にしようという思想もあった。それが社会主義・共産主義という壮大な社会実験だった。しかし、20世紀の初めに生まれた世界で最初の社会主義国であるソ連が20世紀の終わり頃に崩壊してしまったように、それは結局はうまく回らなかった。

社会主義がうまくいかなかった理由はいろいろあるんだけれど、その理由の一つは「完全に誰も彼もが平等ではなくある程度は頑張った人が報われるようにしないと、社会がうまく回んなくて停滞してしまう」というものだ。

「人間は平等であるべきだ」という場合、その平等には二種類ある。それは**結果の平等**と**機会の平等**だ。大雑把に説明すると次のように分けられる。

・結果の平等　頑張った人も頑張っていない人も得られる結果は同じ、格差は存在しない。

・機会の平等　全員の初期条件や得られる機会は同じである必要があるが、その後は個人の頑張りによって格差はあってもよい。

社会主義・共産主義というのは結果の平等を目指していたのだけれど、それはうまくいかなかった。それで、大きな流れとしては「チャンスが公平に与えられていればその後の結果は自己責任だ」という機会の平等があればいいということになった。「貧富の差はあるけれど階級は固定されていない。誰にでもチャンスはある。頑張った人が多くのものを得られる」という近代社会・現代社会の基本的なシステムは、こうした歴史的な流れによって作られたものだ。そして「働けない人は自己責任」という考え方もこの機会の平等を前提としている。つまり「チャンスは平等にあるんだから頑張れない奴が悪い」ということだ。

日本に近代的な社会システムが導入されたのは明治時代からだけど、その明治時代の超ベストセラーである福沢諭吉『学問のすすめ』には「天は人の上に人を造らず人の下に人を造らず」という有名なフレーズがある。このセリフ自体はアメリカ独立宣言の引用なんだけど、『学問のすすめ』で語られる内容は「江戸時代の士農工商みたいな身分なんてものはなくなって全ての人が平等になったけど、それでも豊かな人と貧しい人がいる。その差は何かというと、学んでいるかどうかだ。誰でも頑張れば成功できる世の中になったのだから、みんな学問とか勉強を頑張るべし」といった感じだ。これが近代社会の基本精神なのだ。

機会の平等は本当か？

だが、機会の平等というのは本当に実現されているんだろうか。本当に誰にでも同じように頑張れば成功できるチャンスはあるんだろうか。それは嘘じゃないだろうか。先に言ったように、人間が成功できるかどうかはかなりの部分が環境に影響される。そもそもの与えられた初期条件が違いすぎる。

近代以降の社会においては、生まれた環境に関係なく頑張れる人間や能力のある人間をすくい上げるためのシステムが一応ある。それは**学歴主義**だ。

受験制度や学歴主義というものは、生まれた階級に関わらず優秀な人間をピックアップするために作られたシステムだ。貧乏な家庭に生まれても学校で真面目に勉強を頑張れば奨学金をもらって良い大学に入って一流企業に入ることができる（＝階級の移動ができる）。そういったチャンスがあるのは嘘ではないし、その仕組み自体は良いことだ。

しかし、そうした例は一部のケースにすぎなくて、多くの人間はそううまくはいっていない。結局は良い高校や大学に入っている生徒はもともと家庭の平均年収が高いし、中卒や高卒の人間が育った家庭の平均年収は低いという事実がある。学校の勉強ができるかどうかというのも、本人の能力や努力だけで決まるものではなく、かなり環境に影響を受けてしまうものだからだ。

生まれ育ちに関係なく勉強ができれば良い暮らしができるとは言っても、家がお金持ちだと教育にお金をかけることができて良い学校に行けたり良い塾に行けたりするから、やはり裕福な家の子供のほうが有利なのだ。勉強や試験で能力を計る仕組みもそれほど平等ではない。

また、お金があるかどうか以外に文化的な要素も影響する。親がそもそも教育熱心だったり本を読むのが好きだったりすると子供はその影響を受ける。小さな頃から接している親や親戚の学歴が高いと良い大学に行くことが当たり前という意識が自然に形成されて、勉強を頑張るというモチベーションが湧きやすかったりする。

逆に、家に本が一冊もなかったり、親や親戚や周りの人がみんな「勉強とかダサい し大学行くとか意味なくね？」って思っているような雰囲気で育つと、子供もそういう生き方が当たり前だと思って大学に行って高収入の職業を目指したりするモチベーションが生まれにくかったりする。そういった、生まれた家庭に実際にお金（資本）があるかどうかという金銭的な問題以外にも、育った環境の持っているカルチャーによって子供がどういう方向に育つかが規定されてしまうという現象を**文化資本**と呼ぶ。

金銭的な問題や文化資本によって、結局は本人の能力や努力以前に育つ環境で人生のルートが決まってしまう部分も多いのだ。こうして多少の例外（「家が貧乏だけど頑張って成功した」もしくは「家が金持ちだけど何かおかしくなって踏み外した」）を含みつつも、階級の再生産は繰り返されていく。

だから「頑張れば成功できる」というのも僕は半分嘘だと思うし、そもそも頑張れるかどうかとか能力があるかどうかも環境によって左右されるものだから、「低収入は自己責任だ」って一方的に突き放してしまうのは間違っていると思う。

何でも自己責任だということにしてしまうと個人が抱えるものが大きすぎてしんどくなってしまう。自分を責めすぎて自殺してしまう人も出る。だから、誰が悪いかを考えるよりも、もうちょっと「なんか知らんけどまあそういうこともあるよね」というくらいで流してしまえたらいいなと思う。なんかよく分からない事件があったときに、誰の責任かをひたすら追求するのではなく「天狗の仕業じゃ！」とか言ってしまえた昔のほうが生きやすかったんじゃないだろうか。知らんけど。

あとまあ、頑張るとか能力があるとかそんなこと以前に、頑張れなくて能力がなくても人間は生きていていいと思うんだよね。人間ってそれくらい幅の広いものだし、そうでないとたくさんの人間がいる意味がない。

世の中全てが実用的なものばっかりだとつまんないし、だめな部分とかくだらない部分とかを含めて人間だろう。ちゃんとしたものばかりの画一的な世界なんて退屈なので、もっとどうしようもないだめなものや、くだらなくて意味のないものが世界に増えて欲しい。

ニートにも向上心は必要か

ただ、「世界には自分ではどうしようもないことが多いので、うまくいかない理由を全て自己責任にかぶせるのはおかしい」と思うけれど、それは「自己責任は全くないので何も頑張らないでいい」「俺は悪くない」「全部親や社会が悪い」ということじゃない、と慌てて付け加えておきたい。何回も言っているけれど、半々くらいだと思う。自己責任とそれ以外の割合は。全てが自己責任じゃないけど、全てが自己責任じゃないわけでもない。

全部自分の責任でかぶってしまうとしんどくて潰れてしまうけど、全部自分に責任がないって感じで放り出してしまってもそれはそれであまり良い人間にはならない気がする。

人間、やっぱりある程度、自分で責任を持って何かに向けて努力したり、自分の人生をなんとか変えようと計画を立てたり、そういう前向きな未来に対する何かがないとしんどいんじゃないか、と自分の経験を振り返ったり、周りのニートを見ていて感じる。

仕事をしないにしても全く何もしないのではなく、ブログを書いていろんな人に読まれたいとか、ツイッターで人気になりたいとか、もっといい絵を描きたいとか、いい音楽をやりたいとか、お金ができたらあれを買いたいとか、夏になったら海に行きたいとか、来年は梅酒を漬けようとか、「先にある楽しみなことに向けて自分で何か行動をする」というのを持っている人はニートでも楽しく生活を過ごせているように思う。

そういった先の楽しみを何も持っていないニートは、毎日することもなくて、したいこともなくて、ひたすら憂鬱で、憂鬱から逃げるために酒を飲んだり、死にたくなってしまったりする。それは、僕が嫌いなタイプの人間がよく使うのであんまり好きな言葉じゃないけど、やっぱりある種の「向上心」や「目標」が人間が生きる上では必要ということかもしれない。

人間、何かすることがあるのは大切だ。頑張るというのも周りに強制されずに自発的にやるならいいと思う。そして頑張った人が報われるというシステムも社会を回すには必要だ。

社会主義の国では頑張っても頑張らなくても得られるものが一緒だったけれど、それだと社会が停滞してしまった。みんなが自分の生活や人生を少しでも良くしたいって思って自分の責任で頑張ることで、社会全体が豊かになっていくっていうのはある。だから、頑張った人がお金を得たり豊かな生活をできるというのは良いことだ。

だけど、僕の考えでは自己責任の割合は半分くらいなので、頑張った人は良い暮しができるとしても、頑張れない人が最底辺の生活に落ちたり死んだりするべきじゃない。頑張れない人や頑張りたくない人でも健康で文化的な最低限度の生活は保証されるべきだ。社会とか国家ってそういうことのためにあるものなはずだ。個人の行動の結果をその人が全て負わなければいけないのなら、社会や国家などの共同体がある意味はないだろうと思う。

順列組み合わせとしての人間

僕自身が何かをやってうまくいったときにいつも思うのは、この成功は別に自分がすごかったからではなく、たまたまその場所に自分がいたからというだけにすぎない、ということだ。そこでも自己責任の割合は半分くらいに感じている。

それがうまくいったのは、僕が運良く事故にもアクシデントにも遭わずに生きてこられて、他の国ではなく日本に生まれた、というような自分ではどうしようもない原因のせいだったりする。また、僕がたまたまAという土地で育ってBという知識を持っていて、CやDやEという知り合いがいて、Fという土地に住んでいてGという趣味を持っていたという、その組み合わせが偶然うまくいったにすぎない、というようなことをよく考える。

それは単なるAからGまでの要素の偶然の組み合わせだ。その成功の理由は自分が優れているからではなく、そこにいた人で、AからGまでの要素を全部持っていたのが自分だけだったからにすぎない。同じ要素を持っている他の人がいれば自分と交換可能なんだなと思う。

AからGを持っていれば自分じゃなくて他の人でもよかったけど、自分と同じ場所にいた他の人は、AからFまでは揃っていたけど最後の要素がGじゃなくてKだったとかQだったとか、そういう微妙な配列の違いによってそれぞれの人生が展開していく。それは自分が頑張ったせいというよりも、単なる偶然の結果だと思う。

今うまくいっていないあいつが自分と同じように生まれて育っていたらうまくいっていただろうし、僕だってもっとうまくいっている誰かと同じように生まれ育ったらもっとうまくいろんなことをやれていたはずだ。

そういうことを考え出すと、人間なんてみんないろんな要素をランダムに並べた順列組み合わせにすぎなくて、自分の意志で変えられることなんてあんまりないし、自分でなければならないことなんてないような気がしてくる。

まあ、そのへんについて深く考えすぎると、「人間に自由な意志などなくて宇宙の全てはあらかじめ決定されているのだ」みたいな「決定論」に行き着いて人生の虚無に飲み込まれてしまったりするので、「自分が頑張ったおかげで成功して嬉しい」みたいな素直な気分もある程度は大事にしているんだけど、でも「全ては偶然の組み合わせにすぎない」「自分ではどうしようもない」という考えはいつも頭のどこかに残っている。

僕がここで本を書いて見知らぬ誰かに語りかけているというのも、たまたま僕が健康で体が動いて文章を書くのが好きで、ある程度若くてニートとか働くことについて考えていて、それを出版してもいいという人に出会って、という全ての要素の結節点に偶然僕が立っていたというだけにすぎない。

だから僕は、何かがうまくいってお金が入ったりしたときにはある程度を他人に分けるようにしている。

まあ全部を人にあげてしまうほど聖人じゃないし無欲じゃないんだけど、でもそれを得たのは自分の責任だけではないという気持ちがあるので、たまたまお金を得られていない自分よりお金のない奴におごったり何かをあげたりする。それは僕にとって自然なことだし、生きる上での「税金」みたいなものだと思っている。

世の中のみんながお金に余裕があるときには自分よりお金のない人に自分の収入の一部をあげるようになれば、かなり風通しの良い生きやすい世の中になるんじゃないかと思っているんだけど、そういう精神とか習慣が今の日本にも根付かないだろうか。

一億総中流から格差社会へ

そもそもなぜ「ちゃんと働けない奴は自己責任」「普通にしていれば頑張れるはず」というような考え方が世の中で一般的になっているのだろうか。

その原因は、今の社会の中心になっている上の世代の人間が若かった頃、例えば一九六〇年代から一九八〇年代頃の時代には、そういう考え方が主流でうまくいったというのがあると思う。それは、高度経済成長からバブルに至るまでの成長の時代、日本国民全部が**一億総中流**と呼ばれた時代だ。

「一億総中流」というのが当時の経済状態を表すキャッチコピーとして有名だけど、実際に全員が中流だったわけではなく、当時だって金持ちと貧乏人の格差はあった。だけど、一億総中流という言葉がそれほどの違和感なく世の中に受け入れられるくらいには、みんながある程度豊かだと実感できる意識を持てていたのだ。

格差はあったけれど、当時は経済が成長して景気が良かったせいで、貧乏でも自分が小さかった頃に比べればどんどん豊かになっているという実感があったし、仕事の口もたくさんあったので、「誰でも」「普通に」「頑張れば」それなりに平凡な幸せを手に入れられるという希望を持つことができたのだった。

だが、不景気の今、そういった昭和時代の常識は通用しなくなっている。「失われた二十年」と言われるくらい日本はずっと景気が悪いし、終身雇用の崩壊・就職氷河期・非正規雇用の拡大など生活を支える基盤は悪化し続けて、一億総中流の社会から**格差社会**へと移行しつつある。これから経済が成長していってだんだん楽になるだろうなんていう展望は持てない状態だ。

しかし自分が若かった頃の常識で世界を見てしまう上の世代は、全く違う状況に置かれている今の若者にも「頑張ればなんとかなる」「そうやってみんなやってきたんだ」と言ってしまう。でも今と昔では状況が違う。昔の常識を今の不景気の世の中に当てはめても不幸になるだけだ。

別に今の上の世代が悪いとかダメだとか言いたいわけじゃない。ただ人間は、自分が若かった頃の常識を当たり前と考えて、そのまま生きていくものだというだけだ。今若い人間も年を取るとそうなっていく。別に年寄りに限らず人間は過去に生きる生き物で、若い人間は抱えている過去が少ないから自由に動けるというだけにすぎない。ただ大事なのは、上の世代が抱えている固定観念に若い人間が縛られる必要は全くないということだ。

人間は世代に規定される

ある日、Ｔｕｍｂｌｒ（ツイッターとブログを合わせたようなウェブサービス。http://www.tumblr.com/ を参照）を眺めていたらダッシュボードにこんな引用が流れてきた。ダグラス・アダムズという作家の言葉らしい。

1）自分が生まれる前から既に世の中にあるものは、全てごく普通のものである。
2）生まれてから30歳になるまでの間に発明されたものは、全て途方もなく刺激的で創造的であり、運が良ければそれが一生の仕事になる。
3）30歳以降に発明されたものは、全て物事の道理に反していて文明の終末の予兆である。ただしその後、それが身の回りにあって十年ほど経つうちに、徐々に問題ないものであると分かるのだが。

出典：「Everything That Doesn't Work Yet」（「まだ動いていないもの」）、執筆：ケヴィン・ケリー、翻訳：堺屋七左衛門（http://memo7.sblo.jp/article/15016045.html を参照）

一般的に世の中の「常識」だとか「当たり前」だとか「守るべき伝統」だとかにされているものは、よく遡ってみるとせいぜい五十年から百年くらいの歴史しか持たないものだったりする。

正社員が良いとか、専業主婦だとか、三十五年ローンでマイホームを郊外に買うとか、車を持つのがステータスだとか、恋愛結婚だとか、そういった当たり前に昔から常識として存在するように見えるものたちの歴史は、実はここ五十年くらいで一般的になった現象にすぎない。

日本人は時間をきっちり守るというイメージがあるが、『遅刻の誕生』(橋本毅彦、栗山茂久著、三元社)という本によるとそういった習慣は九十年くらい前の大正時代に定着したにすぎなくて、明治時代以前の日本人は時間にルーズでいい加減だったらしい。

自分の親世代の常識は現代では通用しなくなっているものが多いから鵜呑みにする必要はない。この世の中に当たり前のようにでかい顔をして存在している常識なんてものは、別に不変のものでも普遍のものでもなく、単に一時的に今あるだけのものにすぎない。全ては移り変わっている。

また、人間の行動は結構な割合で世代に規定される。

四千年前のエジプトの古文書にも「最近の若い者はなっていない」と書いてあったという有名な話があるが(ググってみたけど具体的なソースはあやふやなようだ)、現在の年寄りだって若い頃は「最近の若い者は」と言われていた。いつだって何時代だって何世紀だって年寄りは若者に対して説教をしたがるし、若者は年寄りをうっとうしく思う。そして33歳の僕がここで言っているみたいに、若者に向けて、年寄りはうっとうしいけどそれは世界がこんな風になっているからなんだよ、って分かったようなことを語るのは三十代だと相場が決まっている。人間はそういうものなのだ。

だから、別に誰が悪いのでもない。ただ、自分の言動が環境だとか世代だとか自分が置かれている状況にかなりの割合で規定されているということを忘れないでいれば、ありきたりな固定観念から自由に、そして全てが自己責任だという傲慢さからも離れて適度に謙虚に生きられるんじゃないだろうか。できれば年を取っても若者や新しいものを無闇に否定するんじゃなくて、いつまでも新しいものを面白がりながら生きていきたいと思う。

ニートの歩き方

働かざる者食うべからずって言葉が嫌いだ

CHAPTER_04_02

人間は働かなくても生きていていい

「働かざる者食うべからず」って言葉が嫌いだ。

この言葉はソ連を作ったレーニンが新約聖書を引用して言い出したもので、もともとは働かない怠け者を批判するための言葉ではなく、働かずに労働者を搾取して肥え太っているブルジョア（金持ち）を攻撃するときに使われた言葉だった。それが今の日本では労働意欲のないニートを批判する言葉として使われているんだけど、まあ言葉の元々の由来なんてどうでもいい。今どんな風に使われていてどういう精神を象徴しているかが重要だ。

結論から言うと、別に働かなくても人間は生きていていいと思う。人間って別に働くために生きているわけじゃない。人間という概念はそんなに狭いものじゃないはずだ。人生をより良く送るための手段として働くのはありだけど、それはあくまで手段にすぎないのに、働くこと自体が人生の意味のように思っている人が多い。

もちろん、お金がないと生活が成り立たないから嫌でも働かざるを得ないという場合はよくある。そういうときに働くのは仕方がないし、頑張って働いて生活を成り立たせている人は偉いと思う。でもそれは「人間の当然の義務」ではなく「必要悪」みたいなものじゃないだろうか。

働かずに済むならそれに越したことはない。毎日労働に追われずに好きなことをしてのんびり暮らせたらそれが一番いい。そんなのは当たり前のことのはずなんだけど、なぜか今の日本社会ではそんな当たり前のことを言いづらい雰囲気がある。そんな状況がおかしいという意識を、せめて国民の40%くらいが持つようになったら、国全体が少しは生きやすい感じになるんじゃないかと思う。

僕は小さい頃からずっとできるだけ働かずに生きていきたいって思っていて、どうやったらそれが実現するか必死で考えてきて、今完璧ではないけれど若干それを実現している。死ぬまでこの調子でいけたらいいなと思う。

でもまあ、あまり働かずに生きていくには才能とか家の資産とか人脈とか、愛嬌とか容姿とか運とか、いろいろ他の要素が必要ではある。だから結局は普通に働くのが一番楽なルートである場合は多い。

それでもしんどい労働をせずに生きていけるならそれが一番だし、運良く働かずに済む楽な生活している人を叩くのはただの足の引っ張り合いにすぎないと思う。「どうやって働いていない奴らを働かせるか」ということよりも「どうしたらみんなできるだけ働かずに幸せに暮らせるか」を考えるほうが前向きな発想だ。

働くかどうかと食えるかどうかはあまり関係ない

そもそも変なところは、「働かざる者食うべからず」という言葉で批判されるのは貧乏人の怠け者ばかりで、もともと金持ちだから働かなくても生きていけるという人はあまり批判されないことだ。

お金持ちの人に対しては「そういう人は特別だから仕方ない」とでもいうかのように見えないふりをしながら、「人間は（＝我々「普通」の一般庶民は）勤勉に働くべきだ」とか言う人が多いんだけど、そういうのを見ると「貧乏人同士が足の引っ張り合いをしてもしようがないだろう」と思ってしまう。だるい。

「働いている／頑張っている」と「食える／収入がある」の相関関係って実はそんなにない。

結構お金持ちの人ほど「一生懸命働くこととお金を得られるかどうかの関係はそんなにない」「ニートでもいいんじゃないの」って思っていて、そんなにお金がないから嫌々仕事をやっている人ほど「働かざる者食うべからず」「ニート死ね」って批判していたりする。

でも、貧乏人が「働かざる者食うべからず」と主張するのは、自分たちの首を絞めて社会を息苦しくしているだけだし、早くそういう考え方は滅亡して欲しい。ただの貧乏人がそんな風に過剰に勤勉に自分たちを縛り付けても、喜ぶのは貧乏人を労働者として雇っている経営者だけだ。

本当は、お金を持っているかどうかって、本人の努力とか勤勉さとはそれほど関係なく、生まれ育った環境だとか、健康状態だとか、働き始めたときの景気だとか、その他いろいろの状況や運によって決まる部分が多い。個人の努力で決まる割合は半分くらいだから、努力と結果を過剰に結び付けるのは人間を無駄に追い詰めて不幸にするだけだ。

国というレベルで見ても同じようなことが言えると思う。

日本が世界の中でもそこそこ快適に生活できる国なのは経済的に豊かなせいだけど、第二次大戦後に日本が経済発展した理由は日本人が勤勉に頑張ったという理由は半分くらいで、たまたまアメリカの核の傘のもとで政治状況が安定していたとか、社会主義国に対する壁として資本主義国の援助を受けたとか、取り巻く状況がかなりラッキーだったためでもある。例えばもしものことを考えると、第二次大戦後、朝鮮やドイツのように日本が資本主義国と社会主義国に分断されていたとしたら（実際にそういう計画もあった）、こんなに順調に発展できたとは思えない。

もっと遡れば、日本の文明が発展したのも、地理的に中国という巨大文明のすぐ側に位置したためにいろいろ進んだ文化を輸入できたというのが大きい。日本列島がユーラシア大陸からあと二千キロメートル離れていたらもっと文明から隔絶されて発展が遅れた国になっていただろうし、逆に大陸と日本列島が陸続きだったらもっと中国王朝の属国みたいに支配されて今みたいな独自の地位を築くことは難しかっただろう。

結局そんな風に環境で物事が決まることはとても多いのだ。

仕事が適当でも別にいいんじゃないか

日本では、働くことへの圧力って、みんなと同じように働いているふりをすることや、みんなと同じように苦労することを強制する集団的な同調圧力になっていると思う。それは誰もあまり得をしない考え方だ。

日本よりも発展していない東南アジアの国とかに行くと、人間の生き方なんてもっと適当でよかったんだ、と気づく。道端で昼間っから働かないおっさんがいっぱいいたむろしているし、コンビニの店員は店員同士でずっとお喋りしているし、電車は時間どおりに来ないし道路には穴が空いているしインターネットの回線はすぐに落ちたりする。

でもまあそれくらいいい加減でもいいんじゃないか。コンビニの店員の接客なんてもっと適当でいいし、コンビニが二十四時間開いていなくても別に生きていけるし、電車が遅れたりネットが切れたりしても人が死ぬわけじゃない。人間の生活はそんなに効率良くなくていい。

タイに行って面白かったのは、どこでもやたらと従業員が多いことだ。レストランとかに行っても日本の二倍くらいの数の店員がいたりするし、コンビニ（セブンイレブンが多い）にも無駄に四、五人店員がいる。それで店員同士でずっと雑談していたり店の雑誌を立ち読みしたりしている。日本とは全然違う。

日本のコンビニだったら店員は最低限の人数しかいなくて、しかも仕事の量や種類もタイのコンビニよりずっと多いだろう。でもそれをこなす日本のコンビニ店員が勤勉で責任感があって偉いという風には思わない。安い賃金で無駄に真面目に働かされて可哀想だと思う。労働なんてもっと適当でいいし、日本人は店に過剰なサービスを求めすぎだ。それは自分の首を絞めるだけなのに。

日本の生活は確かに便利で快適だけど、その便利さは労働に対する同調圧力や責任感で支えられていて、そのせいで多くの人が心を病んだり自殺したりしているのなら別にそこまでの便利さは要らないと思う。もっと仕事が適当な人間が多い社会のほうが社会全体の幸福度は上がるんじゃないだろうか。

働くってなんだろう

あと、「働かざる者食うべからず」って言うなら、うまく労働できない老人や病人や障害者はどうしたらいいのだろうか。

「そういう人は働きたくても働けないから仕方ない、ニートとは違う」と言う人もいるけれど、その考え方もおかしいと思う。「老人や病人や障害者のように働きたくても働けない人は仕方ない」という意見は、上から目線で「本当はだめだけど特別に見逃してやる」って言っているように感じる。それは危ないんじゃないだろうか。その考え方をもう何歩か進めると、「働けない老人や病人や障害者は不要だから処分しよう」という、ナチスドイツみたいな優生思想になってしまいそうだ。

だから、正しい答えは「働けなくても人間は生きていていい」だと思う。働くことを否定するんじゃないけど、働くことは強制や義務ではなく人間の自由の一つであるべきだ。

そもそも働くってなんのためにすることなんだろう。

「働くとは他人の役に立つことだ」という考えがある。それは確かに良いことだけど、それだけでは説明できないような労働への強迫観念が日本にはあると思う。一生懸命働いている人が他人の役に立つことだけを考えてそうしているとは思えない。みんなお金のためだったり他人に勝つためだったり仕事が楽しいからだったり、もしくは世間体のために働いていたりする。

「働くとは生きるためにお金を稼ぐこと」だろうか。でもそれなら、「お金はあまり要らないから働きたくない」と言った場合に「もっと頑張れ」「やる気を出せ」「ぶらぶらしているのはもったいない」とか責められたりするのはおかしい。

「働くとは自分の能力を発揮すること」だろうか。確かに自分ができることをするのは楽しい。でも、それならそれは労働じゃなくても別にゲームでもパズルでもスポーツでもなんでもいいんじゃないだろうか。

「働いて社会に貢献することが大事」なんだろうか。でも、一人の人間が何かしたことなんて、もしくは何もしなかったことなんて、大体は三年もしたら消えてしまう。その人がそれをしてもしなくても、世界のほとんどには影響しない。その人が自分の仕事をしなくても、他の誰かが同じ仕事をこなすか、もしくは誰も気にしないかだ。

結局、働くことって人生というゲームの中にたくさんあるミニゲームのうちの一つにすぎないんだと思う。ゲームは楽しいいし、やっていると充実感があったりするけど、義務になるようなものではない。必要だったらやったらいいけど嫌だったら好きに放り出してもいいものだ。

ベーシックインカム欲しい

働いても働かなくても、国民全員に最低限の生活ができるお金を政府が配布する、ベーシックインカムという制度のアイデアがある。

なかなか実現は難しそうだけど、日本にもベーシックインカムが導入されたらいいなと思う。そうしたら毎日寝ているだけのニートが食べる心配をしなくても済むのに。これだけ科学や文明が発達しているのに、いまだに人間が労働しないと生きていけないとかなんかおかしい。もう21世紀なんだからそれくらいは文明で保証されてもいいだろ。

働いて自分の人生を組み立てていくことができるのはいいことだし、うまく働けない人が働けるように誘導することも大事だ。だけど、どんな制度を作ってもどんなコミュニティを作っても、人間の社会では必ずそこからこぼれ落ちてしまう人はいる。人間の作ったものに100%はない。だから、そういった「どこにもひっかからなかった人」でも死なずにそれなりの生活ができるという制度はあるべきだと思う。

ベーシックインカムが導入されると、「働かなくても食べていけるならみんな働かなくなって社会が崩壊してしまう」と言う人がいるけれど、そう一概には言えないんじゃないだろうか。

結局みんな、仕事したり人と関わったりすることが好きだし、最低限の生活ができる以上のお金も欲しいし、働いていないとすることがなくて退屈したり不安になる人も多い。だから、働かずに生きていけたとしても、大抵の人間は自然に働き出すんじゃないかと僕は思っている。暇で体力と気力が余っていたら、最低限生きるだけの生活や最低限生きるだけのお金では飽き足りなくなってしまい、もっと良い何かを求めて何か行動しようとするというのが人間だ。人間は自分の能力を使って何かをしたがる生き物だ。

もちろんベーシックインカムに完全に頼って無限に怠惰に寝ているだけの人間も生まれるだろうけど、そういう人は社会の数％くらいだし、そういう人はそもそも労働に向いていないタイプの人間だ。そういう人が嫌々仕事をしたとしても、その本人も周りの人も幸せにならない。適当に遊んだり寝たりしていてもらったほうが本人も周りの人も幸せだろう。

「働かなくても食べていけるならみんな働かなくなって社会が崩壊してしまう」と言っている人は、「働かないと死ぬ」という脅迫によってみんなが働いていて、それで社会が支えられていると思っているんだろうか。強制とか罰でしか人を動かせないのは愚かなシステムだと思う。

昔、ベルリンの壁というのがあった。あれは、社会主義の東ドイツより資本主義の西ドイツのほうが魅力的な国だったために、東ドイツの国民が西ドイツに大量に逃げ出すようになってしまって、その自国民の逃亡を防ぐために東ドイツが作った壁だったのだ。けれど結局不満を持った国民を抑えることはできず、ベルリンの壁は崩壊して東ドイツは西ドイツに吸収されてしまった。強制で人間をコントロールするような社会は続かないのだ。

役に立たないことをしている人が増えれば世界は豊かになる

働きたくないけど働かないと生きられないという理由で、したくもないのに犯罪的な仕事や、犯罪ではないけどあんまり他人を幸せにしない仕事や、全くやりたくなくて自分が消耗するだけの仕事をしている人が、ベーシックインカムによって労働から解放されるのは無条件に良いことだ。ベーシックインカムが導入されてもそういう仕事はゼロにはならないだろうけど、今よりはずっと少なくなる。

あと、世の中にはとても面白いことをやっているのにそれだけでは食えない、という人はいっぱいいる。例えば芸術家とか趣味人とか、全く実用的ではないしお金にもならないけど、すごく変なことをひたすら追求している人たち。そういう人たちがベーシックインカムで生活の心配をせずに自分の好きなことをやり続けられればいいのにと思う。

世の中が実用的なものばっかりだと息が詰まるし、無駄に見えるようなものがたくさんあるからこそ、社会に余裕ができたり、世界の多様性が保たれたり、混沌の中から今までにないような新しいものが生まれたりするのだ。ふらふらしてわけ分かんないことをしている人間がたくさんいれば、世界はもっと豊かになるはずだ。

ベーシックインカムなんかがあると、みんな博打と酒にスッてしまうという人もいるけど（それも人間をずいぶん軽く見た考え方だと思うけど）、別にそれでもいいんじゃないだろうか。仕事をするのと博打をするのとで優劣なんてあるんだろうか。どっちも宇宙から見たら同じようなものだ。

けれど、まだまだ抵抗を感じる人が多いし、財政的にも成り立つのかよく分からないし、今の社会システムを大幅に変更しないといけなくなるので、まだまだベーシックインカムは成立しないんだろうなと思う。人類にはまだ百五十年くらい早すぎる制度なのかもしれない。

小さいコミュニティをベースに生きよう

東南アジアの発展途上国とか、あと日本でも失業率が高い沖縄などの特徴としては、家族の結び付きが強いというのがある。家族に何人か働いていない人がいてもそれを普通のこととして受け入れて、家族のうち働き者の何人かが働いて家族全体を支える。そういう結び付きがあれば、人生の中で仕事がうまくいかない時期があっても生きていきやすい。

仕事をしている人がずっと固定している必要はない。そのとき仕事をする余裕のある人が働いて、そのとき疲れている人たちが休む。働いている人が疲れたら休んだり、休んでいた人がしばらくしたら働き出したり、数ヵ月とか数年といった単位でそれが入れ替わっていくことができれば、一人で働いているよりも労働形態に柔軟性が出る。

家族が頼れる人は家族を頼ればいいと思うけど、僕はそれを友人同士の集まりやシェアハウスやソーシャルネットワークで代替できないかと思っている。家族のほうが一般的には結び付きが強いからうまくいくだろうけれど、僕は「家族もそこまで信用できないな」という考えなので、なんとかゆるいネットワークや小さいコミュニティを組み合わせてやっていけないかと考えている。頼るものがない弱いものほど集団を作って助け合わないといけない。できなかったら死ぬだけだ。

ときどき「働かない若者が増えると日本は沈んでしまう」なんて言われていたりもするけど、正直言うとあまりピンとこない。それで日本が沈んでしまうならそれはそれで仕方がないんじゃないかと思うし、そもそも自分の周りの友達とかコミュニティは実感できるけど、国とか社会とかいう大きな単位にあまり実感が湧かないのだ。

国とか社会とかいう単位にリアリティを感じたりアイデンティティを感じられる人ももちろんいるだろう。でも多くの一般庶民は、自分の周りの数十人のコミュニティをベースにして、その中で生きているんじゃないだろうか。天下国家を論じたりするのはそういうのが得意な人に任せておいて、普通の人は自分の身の回りだけ見て生きていればそれでいいんじゃないかと思う。

小さいコミュニティを作って、それを大事にしながら生きるというやり方。それは仕事をしていない人を受け入れるセーフティーネットにもなるし、あと重要なのは、そうしたコミュニティに属していると自然に他のメンバーに対して何かしてあげるという行為が生まれてくる。

義務や強制でしなければならない仕事はロクでもないと思うけど、自分の顔が見える範囲の仲間を助けたいとか、何かしてあげたいとか、そんなところから自然に生まれる「何かしたい」という気持ちは良いものだと思う。料理を作るとか掃除をするとか病気のときに看病するとか、子供を育てるとか、外でお金を稼いできてニートに小遣いをあげるとか、何でもいいんだけど。

大きな夢に向かって仕事をするとか、世界や国や会社や理想のために何か頑張るという仕事もあっていい。でもそんな仕事にピンとこない人は、顔が見える身の回りの人を大事にするという、そんな小さなところから生まれてくる小さな仕事をこなしながら生きていけばいいんじゃないだろうか。

ニートの歩き方

CHAPTER _04_03

もし世界が働きアリばかりだったら

もし世の中全員がニートになったら

僕が「別に社会にニートがいてもいいんじゃないの」というようなことを言うと、「働いている人たちが頑張って社会を回しているからニートも生きていけるんだ」「世の中全員がニートになったら社会は終わる」「ニートは社会に害をなすだけの寄生虫」などと言って批判する人たちがいる。

「世の中全員がニートになったら社会が回らない」というのは確かにそのとおりだろう。そのとおりだけど、世の中全員が仕事中毒《ワーカホリック》の社畜になったとしたら、それはそれで社会が回らないと思う。そんな社会は全員にとって住みにくい。多分、社畜自身にとっても。

他にも「世の中全員が郵便局員になったら社会が回らない」とか「世の中全員が漁師になったら魚が絶滅する」とか何だって言えるけど、実際はそういう事態にはならない。人間は自動的にいろんな道を目指してバラけていくようにできている。だから、放っておいても世の中がニートばかりになるということはないだろう。

全員に労働を強制して、ニートを絶滅させたほうが良い世の中になるんだろうか。僕はそうは思わない。ニートが全くいない世界は、人間に労働を強制する圧力がキツくて社会から逃げ場がなくて、自殺者が今よりもっと多いディストピアだと思う。

働きたくない人はニートになってもいいし、働きたい人は働いてもいい。一旦ニートになった人がまた労働者になることも、労働者がちょっと疲れたらしばらくニートをやるようなことも、どちらでも気軽に選べるような社会が理想的な社会だと思う。

それに、なんだかんだ言っても、世の中のニートの数って一定だ。新しくニートになる人もいるけどニートを辞めて働き始めたり死んだりする人もいて、全体としては大体一定の割合を保っている。

別にニートに限らない。世の中の仕事大好き人間の数も、就職活動を頑張る意識の高い大学生の数も、中学や高校や大学に馴染めず中退する人の数も、うつ病の人の数も精神病院に入院する人の数も、毎年少しずつ変わりつつもそんなに急激に変動はしない。社会は全体としてそういうバランスが自動的に取れるようになっている。

働きアリの話

有名な働きアリと怠けアリの話がある。

働きアリのうち全体の2割くらい、ほとんど仕事をしない怠けアリがいる。でも、その怠けアリをどこか別の場所に隔離してしまうと、今まで働いていたアリの2割が今度は怠けアリになってしまう。そして怠けアリばかり隔離した集団のほうも、その中の8割が今度は働くようになる。つまり、働きアリばかりを集めても怠けアリばかりを集めても、全体の8割は働いて2割は怠けるようになっている、という奴だ。

作り話っぽい話だけど、実際にアリやハチを見るとそういう現象があるらしい。なぜそんな現象が起こるのだろうか。

長谷川英祐『働かないアリに意義がある』（メディアファクトリー新書）によると、

「どれくらい仕事が溜まったらそのアリが働き始めるかという、労働に対する反応閾値《しきい》（腰の軽さ）がアリによって個体差がある」という仕組みがあるためにそういう現象が起こるそうだ。労働に対する反応閾値の違いとは、例えばどれくらい巣が散らかっていると片付けようとするかという基準がアリによって違うようなものだ。人間でも部屋が散らかっているとすぐに片付けたがる人と散らかっていても平気な人がいるのと同じだ。

『働かないアリに意義がある』

仕事が溜まってくると反応閾値が高いアリから順番に働いていって、仕事を片付けて減らしていく。反応閾値の低いアリが働く前に仕事は片付けられてしまうので、反応閾値の低いアリはずっと働かないままでいる。これが働かないアリが出てくる理由だ。

そして反応閾値の低いアリだけを取り出して新しい集団を作ると、そのうちの反応閾値の高い個体から順番に働き出して仕事を片付けていくけれど、反応閾値の低い2割はやっぱり働かないままでいる。全体の中の働いている8割だけを取り出した集団を作った場合でも、その中で反応閾値の低い2割はやっぱり働かなくなる。

なんでそんな仕組みになっているかというと、必ず全部のアリが働くよりも反応閾値が高いアリから順番に働くようになっていたほうが、いろんな仕事に効率良く働き手を分散できたり、働いているアリがみんな疲れてしまった場合に働かないアリがカバーできたりして、全体的に効率が良いからだそうだ。みんなが一斉に一つの仕事に集中したり、一斉に働いて一斉に疲れると社会はうまく回っていかない。だから働くアリと働かないアリが両方いることには理由があるのだ。

集団は全体で一つのもの

このアリの話から思うのは、集団を見るときは個々の性格とか性質とかを問題にするよりも、全体を一つの生き物のように考えたほうが分かりやすいということだ。あるアリが働くかどうかは、そのアリ自身が持っている性質ではなく、アリの群れ全体とのバランスの兼ね合いで決まっている。個々のアリの性質に関わらず、外から見るといつも集団の8割が働いているように見える。

つまり、全体と個体はつながっていて、切り離して考えることができない。これは人間の社会にも当てはまることだと思う。

あまり愉快な例ではないけれど、ある集団にいじめられっ子がいたとする。その子がいじめに嫌気がさしてどこか別の場所に逃げていった場合、今度は今までいじめられていなかった子がいじめられるようになったりする。また、ある場所ではいじめられていた子が別の場所ではいじめられなかったりする場合もある。つまり、その子がいじめられるかどうかはその子の個人の性質というよりも、集団との関係性で決まっている。極端な例だと「必ず一定のいじめられっ子（迫害される人間）を必要とする集団」なんていうのもあって、それは集団自体がそういう性質を持っているのだ（そういう場所からは早めに逃げたほうがいい）。

また、ある社会の進学率だとか就職率だとか出生率だとか自殺率だとかは、少しずつ変化はするけれど、去年と今年と来年ではそれほど大きく変わらない。去年三万人だった自殺者が今年は急に十万人になったりはしない。それぞれの個人は自分の好きなように考えて生きているはずなのに、統計を取ると全体に占める割合は大体一定の確率に収まっている。

ある一人の人間が進学するかしないか、就職するかしないか、結婚するかしないか、子供を産むか産まないか、自殺するかしないかは、その人間にとっては大問題だけど、社会全体としてみると確率の一部にすぎなかったりする。社会は全体として一定の性質を持つ一つの生き物のように考えることができる。

人間の中にはいつでも一定の「働きたい」という気持ちと「働きたくない」という矛盾した気持ちが両方あるし、それは自然なことだ。一人の人間の中に「働きたい」と「働きたくない」という矛盾した気持ちが同居するのと同じように、一つの社会の中にも両方のタイプの人間が存在するのだ、と僕は考えている。その時代の社会全体を覆っている労働に関する空気や雰囲気のようなものがあって、その空気を構成している内容に対応した割合で、一定の労働者と一定のニートが毎年生産されるのだ。

個と全体の生物学

集団と個体は切り離して考えられない、ということを生物の例でもう少し考えてみたい。

アリのように集団を作る生き物は社会性生物と呼ばれる。その中でも、アリやハチのように真社会性生物と呼ばれる生き物のすごいところは、社会的に与えられた役割によって個々の体が変形してしまうところだ。例えば女王アリは子供を作るために巨大な体を持つし、働きアリや兵隊アリは生殖能力を完全に失って労働に特化してしまう。雄アリは女王アリと交尾をするためだけの存在で、交尾を終えるとすぐに死んでしまう。女王アリや雄アリは餌を集めたり巣を作ったりすることはできないし、働きアリや兵隊アリは自分の子孫を残す能力がない。どのアリもその個体単独では生きられない。

それは集団で一つの生き物のようなものだ。アリのそれぞれの個体は、それぞれが人間の腕や足や生殖器のような器官の役割を果たしている。アリやハチのような真社会性生物は、それぞれの個体が一つの生き物の器官としての役割を果たして、全体で大きな超個体を作っているという風に考えることができる。

また、生物には単細胞生物と多細胞生物がいる。人間とか犬とか猫とか虫とか、ある程度の大きさを持つ生物はほとんど多細胞生物で、数兆とか数百兆の細胞が集まってできている。単細胞生物というのは一つの細胞しか持たない生物で、ゾウリムシとかアメーバとかほとんど肉眼では見えない小さい原始的な生物ばかりだ。

かつて地球上には単細胞生物しかいなかった。生物の誕生は三十五億年前で、最初に生まれたのは単細胞生物だった。多細胞生物が生まれたのは二十五億年ほど前なので、単細胞生物から多細胞生物に進化するのに十億年ほどかかっている計算だ。

単細胞生物から多細胞生物に進化するというのはどういうことだろうか。単細胞生物というのは細胞分裂で増える。つまり一つの細胞が二つに分裂して二つの個体になる。

その分裂して増えた個体が、それぞれ別々の場所に分かれずに、個体同士でくっつき合って集団を作って生きる場合がある。何億、何兆という単細胞生物が群れを作ると一つの細胞の塊のようになる。そしてその集まった単細胞生物たちがそれぞれの細胞でいろんな役割を分業するようになり、ついには全体で一つの生物になってしまったのが多細胞生物の起源だと言われている。それはアリの個体が集まって超個体を作るというのととても似ている。

個体同士の共生から一つの個体へ

そして単細胞生物ももとは別々の生物が集まってできたものだ。生物の細胞の中には核とかリボソームとかミトコンドリアとかいろんな器官が含まれているんだけど、そのうちミトコンドリアについては、もともとは別の生き物だったことが分かっている。

どういうことかと言うと、昔あるところに単細胞生物と、ミトコンドリアのもとになった細菌がいた。そして単細胞生物の中にミトコンドリアが寄生したのだ。寄生といっても一方的に宿主を取り殺すようなものではなく、お互いにメリットがある共生関係というものだ。ミトコンドリアは細胞の中で、エネルギーを作り出す働きをしている。

そうして単細胞生物がミトコンドリアを含むようになって、単細胞生物が分裂して増殖するときにミトコンドリアも一緒に分裂して増えるようになった。そして多細胞生物へと進化する際にもミトコンドリアはそのまま受け継がれて、現在に至るのだ。人間を含むほとんどの生物の細胞にはミトコンドリアが含まれていて、ミトコンドリアの働きなしには生きていけないようになっている。

もっと身近なところにも異なる生物の共生関係というのはたくさんある。例えば人間の中にも別の生き物がいる。

すべての人間の腸内に百兆個レベルで繁殖している細菌は、人間の生活には欠かせないものだ。腸内細菌は食物の分解を助けてくれるし、悪い菌が体内で繁殖するのを防いでもくれる。人間の赤ちゃんは生まれたときは無菌だが、食物の摂取や周りの人間との接触で細菌を取り入れて、それが体内で繁殖して常在菌となる。人間は腸内細菌なしでは生きていけないし、腸内細菌も人間なしには生きていけない。人間と腸内細菌は共同で一つの生命体を作っているとも言える。そんな風に個体が集まって一つの個体のように振る舞う例を見ていくと、「個体＝一つの生き物」と単純に考えることができなくなってくる。集団と個体をはっきり分けることはできない。集団は一つの個体であるし、個体は一つの集団でもある。

　また、人間は大脳が発達していろんなことを考えられるようになったおかげで、自分の外部のものにも自分を拡張できる生き物だ。人間は自分の大切な家族や恋人やペットがいなくなったときに、自分自身の一部が欠けてしまったように感じることがある。生物相手だけではなく、自分の長年住んだ家やずっと愛用しているものも自分自身の一部になり得る。また、自分が所属している集団や国家に対して自分自身のアイデンティティを拡張することもある。

　自分の身体の内側を見ても外側を見ても、どこ

『自我の起原』

までが自分自身であるかというのは思っているほど自明なものではない。自分とは一体どこまでが自分なのか。

こういった話に興味がある人には真木悠介（見田宗介）『自我の起原』（岩波現代文庫）という本をお勧めします。社会性生物の話や単細胞生物の進化の話から、人間はどのように生きれば充実した生を生きられるかまでを語ったスケールの大きい本です。

天才もクズも社会の一部だ

人間の社会に話を戻そう。

集団と個体の話で何が言いたかったかというと、人間の社会全体は一つの生き物のようなもので、それぞれの個人が働いたり働かなかったり子供を産んだり食料を作ったりするのは、一つの体のそれぞれの器官が働いているようなものだということだ。一人の人間の中にいろんな考えやいろんな臓器が同居しているように、社会の中にもいろんな人間がいてそれでバランスが取れている。

ニートもサラリーマンも、警察官も犯罪者も、起業家も自殺者も、右翼も左翼も、同性愛者も異性愛者も、農家も漁師も、ホームレスもサッカー選手も、みんな現在の社会のある一面を引き受けている。それは全体として一つのものであって、そのうち一部分だけを切り捨てることなんてできない。社会の一部の人間を切り捨てようとすることは、一つの個体が自分の手足を切り落とそうとするのと同じだと思う。

どんなに突拍子もないように見える人間だって社会の一部だし、社会の影響を受けている。並外れた天才もクズも犯罪者も、社会全体の何かを象徴しているから一般人の興味を引くのだ。

例えばある天才が、今まで誰も思いつかなかったような斬新で素晴らしい何かを作ったとする。でもその斬新で素晴らしい何かが、本当に世界中の凡人たちから完全に隔絶してかけ離れたものだったら、誰もそれに感動したり素晴らしいと思ったりはできないだろう。多分狂人として無視される。その天才が作り上げたものが今までに見たこともなかったようなものだとしても、多くの人がそれに心を動かされるならば、それはもともと世界中の人がみんなうすうすと心に抱いていたけれど形にできなかっただけのものを、うまくすくい上げて形にしただけなのだ。それはもともとみんなの中にあったものなのだ。

同じように、ある犯罪者や犯罪組織の起こした凶悪な事件について一般人が興味を持ってしまうのは、それが自分たちと全くかけ離れたものではなく、自分たちも持っている何かを拡大したものにすぎないと分かっているからだ。天才もクズも犯罪者も、社会全体が持っている何かをたまたま突出して引き受けてしまっただけの人間なんだと僕は思っている。

受け入れよう、全てはつながっている

ただし、僕がここで言いたいのは、ニートは社会によって生み出されたものだからニート自身に責任はない、ニートは頑張らなくていい、ということではない。ニートは社会の影響を受けているということは全くの間違いではないけれど、そういう考え方は人間をあまり幸せにしない。大きな集団の中のニートの割合が一定だったとしても、個々が自分の境遇を良くしようとする意志は必要だ。向上心を全くなくしてしまうと人間はさらに落ちてしまう。

ただ、大きな視点から見ることによって、同じ社会にいる他者に対する寛容さを持てたらいいなと思っている。ニートでない人たちは、ニートが自分たちとまったく違

う何かだと思わないで欲しい。それは自分たちと同じ社会の雰囲気から生まれた、自分と共通するものを持った何かなのだから。

逆も同じことが言える。ニートにとっても、働いている人は自分と無関係ではない。それは自分と共通する何かを持った人たちで、一枚のコインの両面みたいなものだ。ちょっと何かのボタンの掛け違いで自分が相手のようになっていたかもしれないし、相手が自分のようになっていたかもしれない。

自分と違う生き方をする人たちについて、自分とは全く切り離された何かだと思わず、自分と共通する土壌から生まれた全体の一部だと思って受け入れられるような、そんな寛容さをみんなが持ったらもう少し世界は生きやすくなるんじゃないかと思う。ここで伝えたかったのはそれだけだ。

ネットワークとオープンソース

既存のシステムは崩れたのか

この間「クイック・ジャパン」という雑誌から取材を受けた。二〇一二年四月に発売の「クイック・ジャパン 一〇一」の特集が「僕たちは〈震災直前〉を生きている」というもので、その特集の中に僕のインタビューが載っている。

特集のコンセプトはこんな感じだ。二〇一一年三月十一日の東日本大震災からもう一年が過ぎてしまった。けれど、またこの社会はあのような巨大災害に見舞われるかもしれない。そこで、災害によって社会のシステムが崩壊してしまった後の状況に立ち向かっているような存在として、ｐｈａさんの生き方やｐｈａさんが作っているギークハウスのネットワークの話を聞かせて欲しい、ということだった。

僕自身としては、自分がやっていることは自分がなんとか生き残るためにやっているだけで、システム崩壊後とかに立ち向かっているつもりは特になかったのだけど、まあそう言われてみるとそうなのかもしれないな、と思った。

東日本大震災、それに伴う津波、そして原発の事故の被害は酷いものだった。しかしそれはそれとして、震災後に被災した現地に住んでいるわけでもない人たちがやたらと「社会の枠組みが変わってしまった」とか「新しい生き方が必要とされている」とか言っているのには少し違和感があった。

東京に住んでいる分には、建物もほとんど壊れていないし、電車も動いているし、電気もガスもインターネットも止まっていない。生活する基盤は特に損なわれていない。原発の放射能だって東京では実害がある量じゃない。

でもテレビや雑誌などを見るとしきりに震災で世の中の枠組みが根本的に変わってしまったようなことが語られている。「みんななんで震災の話ばかりしているんだろう、現地以外はそんなに大騒ぎするほど別に何も変わっていないんじゃないのかな」って思っていたんだけど、僕は社会とか政治とか大きなことについて考えるのは苦手なので、「自分の頭が悪いからよく分かっていないのかもしれない」と思ってあんまり口に出さないようにしていた。

でも、「クイック・ジャパン」の取材を受けて、僕がもともと既存のシステムをあてにしていなかったせいでそれほど影響を感じなかったのかもしれないと思った。既存のシステムからドロップアウトしてしまったから、そうでない道を探すしかなかっただけなんだけど。

日本人の集まりとネットがあれば生きていける

僕は基本的に自分のことしか考えずに一人で行動していて、会社なんて全然信用していないし、国家もあんまり信用していないし、社会もそんなに信用していない。だから既存のシステムの安定性が揺らいでも大して影響を受けていないのかもしれない。じゃあ何を信用しているのかと言えば、インターネットと、知り合い同士のネットワークだろうか。

今度東京に大震災がきたらそりゃあ死ぬかもしれないけど、それは別に交通事故に遭って死ぬ確率とそんなに変わらないし、それ以上の何ものでもない。

多分、東京が何らかの理由で壊滅したとしても、自分が死ななければそんなに困らない。東京に住めなくなったら別の土地に移動するだけだ。土地も財産も家族も定職もないので移動はすぐにできる。

僕が28歳で東京にやってきたのは、東京にはネットの人がたくさん住んでいて一緒に遊んだりしたいから、という理由だけだったし、東京という土地自体には特に愛着がない（ついでに言うと出身地である大阪にもそんなにない）。ネットがつながっていてある程度知り合いがいればどこに住んでもいい。

もし何かの巨大災害が起きて、東京が全く住めないくらいに壊滅してしまったら、東京に住んでいる生き残りの人たちはどこかに移住するだろう。そうすれば日本のどこか（海外かもしれない）に何ヵ所も、日本人が集まって住んでいる数十万人から数百万人の都市が新しく生まれるはずだ。そうなったらそこに行って生きていけばいい、と思う。

タイの首都、バンコクに一年間住んでいたことがある。正確な数ははっきりしないが、バンコクには日本人が五万人から十万人ほど住んでいるらしい。

五万人もいればそれは日本のちょっとした地方都市並みなわけで、そうなるとバンコクの中に日本人だけの新しい一つの都市ができているようなものだ。だからバンコクには日本人向けの料理屋や不動産屋や散髪屋や、日本語の本を売っている本屋や日本の食材を売っているスーパーや日本人学校など、日本人が生活に必要とするものは全部一通り揃っている。日本語しか使わずに生活することも不可能じゃない。日本人向けの店は現地の店に比べて高いのでお金はかかるけど。

その経験があるから、場所がどこであっても日本人がある程度集まっていたらそれなりに暮らせるだろうと思っている。日本人の集まりとインターネットがあれば生きていける。核戦争でも起こらない限り日本人の集まりはなくならないだろうし、インターネットもまず世界からなくなることはないだろう。そうすれば、自分が死ぬこと以外に別にそんなに心配することはない。あとはなんとでもなる。

もちろん、誰もが誰も僕みたいに土地も財産も家族も定職も持たずにふらふらと生きられるわけじゃない。僕の生き方は僕の生き方で別のリスクが高いし、いろんなものを捨てているので万人に勧められるものではない。僕みたいな人間ばかりでも社会は回らない。でも、震災によって、場所に固定される生き方のリスクが少し上がったのなら、固定した資産をできるだけ持たずにネットワークに依存する僕みたいな生き方に近づく人が少しだけ増えていくのかもしれない。

オープンソースという革命

僕は資産はほとんどないけれど、人のつながりがあればそれでいいかなと思っているところがある。人のつながりというと一般的には「絆」とか「助け合い」とかそういうがっちりとしたものを想定しがちだけど、僕が考えているのはそうではなくて、ツイッターなどをモデルにしたゆるやかなネットワークだ。人がたくさん集まっていてインターネットがあれば、そこにはツイッターやフェイスブックなどのソーシャルネットワークによってゆるいネットワークがあちこちに張り巡らされていて、そのネットワークから外れないようにしていれば結構なんとかなるんじゃないか、というイメージだ。

ギークハウスというインターネット上のつながりをベースにしたシェアハウスを各地に展開しているのもそういった理由から来ている。

ギークハウスを各地に展開していると言っても、僕が全部作っているわけではない。

「趣旨に賛同してくれる人は誰でも自由に参加できるけど、その代わりプロジェクト全体にある程度貢献してください」というオープンソース方式にしているので、ギークハウスごとに運営者は違う。ネット上で日常的に連絡は取り合っているけれど、遠く離れたところのギークハウス（沖縄など）には顔も知らない人がたくさんいる。

お金のやりくりもハウスごとに完全に独立していて、中央でお金を集めたり、中央からお金を配ったりしているわけではない。特にどこが中心というのはなく、各地に散在したギークハウスがインターネットで連絡を取り合いながらそれぞれ独自に活動しているという感じだ。一応僕が発起人だけど別にお金が儲かったりしているわけじゃない。まあ、たまに各地のギークハウスに泊めてもらったり、ごはんをおごったりしてもらっているので助かってるけれど。

オープンソースなソフトウェアとは「そのプログラムの中身（ソースコード）が全部公開されていて誰でも自由に利用したり改造したり再配布したりできる」というものだ。

プログラミングの世界ではオープンソースはもはや欠かせないもので、何かを開発する際にオープンソースのソフトウェアを使うことは非常に多い。オープンソースを使わないとすると、全部一から自分で作らないといけないからとても手間がかかる。オープンソースなソフトで最も有名なのはＯＳ（コンピュータを動かす基本となるソフト）のＬｉｎｕｘだろうか。スマートフォンに搭載されているアンドロイドもＬｉｎｕｘをベースにしている。

オープンソース運動の面白いところは、別にお金をもらえるわけでもないのに優れた技術者たちが無償で開発を続けて、有料で販売されているＷｉｎｄｏｗｓやＭａｃにも劣らないＬｉｎｕｘのような一流のソフトウェアを作ってしまって、それが完全に無料で配布されるというところだ。

開発はネットワークで連絡を取り合いながら完全に有志たちのボランティアで行われる。最初は「そんなやり方じゃ優秀な開発者は集まらないだろう」とか「そんな統制の取れないやり方じゃロクな製品はできないだろう」とか言われていたけれど、実際はとてもうまく回っている。

オープンソースプロジェクトに参加することで、技術者たちは自分の技術を生かして活躍できるし、良いものを作ればみんなに尊敬されるし、役立つものを作ればいろんな人に使ってもらえる。お金がまったく得られないとしても、そんな動機でみんな無償で自分の技術や時間を提供してくれたりするものなのだ。何でもお金が要るのってつまんないから、そんな感じのプロジェクトがソフトウェア開発以外にもいろんな分野に広がっていったらいいなと思う。

オープンソースによるソフトウェア開発についてもっと知りたい人は、山形浩生さんのサイト（http://cruel.org/jindex.html を参照）に無料で日本語訳が公開されているエリック・レイモンドの文章か、それを書籍化した『伽藍とバザール―オープンソース・ソフトＬｉｎｕｘマニフェスト』（光芒社）を読むことをお薦めします。

オープンソースの成功のいちばんだいじな影響の一つというのは、いちばん頭のいい仕事の仕方は遊ぶことだということを教えてくれることかもしれない。

（『伽藍とバザール』より）

『伽藍とバザール』

自己増殖するネットワーク

オープンソースなソフトウェアは、ソースコードがオープンにしてあって、誰でも自由にそれを利用したり改変したりすることができる。誰かがオープンソースなコードを公開すると、それをどこかの誰かが改良して再配布し、またそれを誰かが改造して新しいソフトウェアに利用する、という風にどんどん自動的に拡散していく。僕がギークハウスをオープンソースな状態に置いているのも、どんどん拡散していって欲しいからというのがある。

その主な理由は、世の中にギークハウス的なネットワークがたくさん張り巡らされていれば単純に僕自身が生きやすくなるためだ。つまり世界を自分が生きやすいように改造《ハック》する試みだ。

オープンソースソフトウェアであるＬｉｎｕｘでは、カーネルと呼ばれる基本部分のソフトウェアをもとにして、世界各地でいろんな人がそれぞれ独自にアレンジしたＬｉｎｕｘが配布されている。そのそれぞれはＬｉｎｕｘディストリビューションと呼ばれて、代表的なものにはＵｂｕｎｔｕ、Ｄｅｂｉａｎ、Ｆｅｄｏｒａなどがある。

ギークハウスについても、Ｌｉｎｕｘにいろんなディストリビューションがあるように、最初のギークハウスをもとにして、いろんな人が各自アレンジしたギークハウスやシェアハウスがたくさん生まれてそういう習慣がいろんな地域に拡散していけばいいと思っている。

ギークハウスが日本全国に三十軒くらいあったら、僕が将来すごく落ちぶれて無一文になってもホームレスにならずに済むんじゃないかなと思ったりもする。本当にそうなるかは分かんないけど。たくさん作っておけば冗長性があるのでちょっとやそっとのトラブルでも全体が崩壊しなくて安心じゃないかなというのもある。

例えば、ギークハウスを日本にたくさん作って広げたい、という場合には、会社を作ってちゃんとお金を稼いで人を雇って組織を大きくして事業を展開していく、というやり方もあるんだろう。そっちのやり方のほうが一般的なのかもしれない。

でも僕がそんな風にせずにオープンソース方式にしているのは、「お金を稼ぐやり方を考えるのが面倒臭い」「集団とか組織とかが苦手だ」といった理由だ。お金をもらうともらった分だけちゃんと仕事をしないといけないからだるいし、集団をまとめて人に何かしてもらうのも面倒臭いから、みんながそれぞれ自由に勝手に動いているようなのが楽だ。そもそも目標が「ビジネスを成功させて上場する」とかじゃなくて、「最低限自分がホームレスにならない」という低いところにあるので、運営自体はわりと適当でいいのだ。

　僕の好きな言葉に「怠惰はプログラマの美徳だ」というのがある。正確には、Ｐｅｒｌというプログラミング言語を開発したラリー・ウォールというすごいギークが「プログラマの三大美徳は怠惰（laziness）、短気（impatience）、傲慢（hubris）である」と言ったのだった。

　怠惰が美徳とはどういうことだろうか。それは、怠惰な人間ほど、できるだけ仕事を減らして効率的にしようとするということだ。たとえばプログラマは、コンピュータ上で何か大量の作業をする場合、自分で頑張って何十回も同じ作業を繰り返すよりも、それを全部自動的にコンピュータにやらせるようなプログラムを組むことを選択する。機械にできることは機械にやらせて、できるだけ自分は何もしないのがクールだとされている。「怠惰が美徳」って考え方は、「とにかく汗をかけ」「努力しろ」みたいな一昔前の日本的な努力主義とは正反対なので好きだ。

　僕も自分の怠惰さには自信があるので、ギークハウスというプロジェクトもそんな風に、僕があんまり何もしなくても自動的に動いていくものになればいいなと思っている。一旦初期値をセットすれば、あとはプログラムが自動で走ってネットワークを構築して、ノードとノードの間にシナプスが生成されて新しいネットワークが拡大していき、要素が複製と増殖と変異を繰り返しながらどんどん世界を覆っていくようなイメージ。発案者である僕が突然死んでもネットワークは変わらずに回り続けるようなのがシステムとしては美しいと思う。まあ、自分が死んだ後は世界は存在しないのでどうでもいいんだけど。

ニートの歩き方

CHAPTER _04_05

ニートの一生

ニートと老い

僕は今33歳なんだけど、気づくといつの間にか自分が30歳を超えていることに気づいて憂鬱になったりする。ニートの正式な定義によるとニートと呼ばれるのは35歳までだという。36歳になったらなんて名乗ろうか。やっぱり日本語で無職だろうか。まあなんでもいいいんだけど。

「お金がなくても楽しくやれるのは若くて健康なときだけだぞ」ってよく言われる。そうかもしれないと思う。年を取って肉体が衰えて、体のあちこちにガタがくるようになると、お金がないのは致命的かもしれない。僕は今特に体に悪いところがないからふらふらしていられるってのはある。

でもだからと言って、三十年後にくる老後のために仕事をするとか貯金をしておくとか、そういうのはどうもぴんとこない。みんな、そんなに先のことを計画できるものなんだろうか。僕はすぐ目の前のこと、せいぜい数ヵ月先までのことしか想像ができない。自分の二十年後や三十年後なんて全く実感が湧かない。それ、本当にあるんだろうか。生きているかも怪しい。そんなあやふやなもののために備える気力が湧いてこない。

楽観的な想像をすると、僕の世代が老人になっている頃って、僕と同じような貧乏な老人が僕以外にもいっぱいいるんじゃないかと思う。そういう人が社会にいっぱいいれば、そういう世代同士で助け合ったりとか、もしくは社会にそういうお金のない老人向けのインフラがいろいろ生まれていたりして、まあなんとかならないだろうか。

そんなにうまくはいかない可能性も高い。でもまあ、うまくいかなかったらうまくいかなかったで仕方がない。僕の人生はこれしかできなかったのだ。

ニートと結婚

人とのつながりを維持していればいろいろなんとかなるかもしれないということを考えて、インターネット上で知り合いを増やしたりシェアハウスを作ったりしているというのはある。

多くの人は老後に備えるために、結婚したり子供を作ったりして家族のつながりを作っているのかもしれない。で、僕はそれを友達や知り合いやシェアハウスでやっているのかもしれない。でも友達は家族ほど強い結び付きじゃないし、自分が入院したときにネットの知り合いやシェアハウスの住人が助けてくれるかどうかは分からない。けれど僕はあまり家族を作る気にならないから仕方ない。家族って、なんか閉じた感じがして好きじゃない。

僕は血縁にこだわる意識がよく分かんなくて、家族や親戚よりも友達のほうが大事だと思っている。家族や親戚は自分で選んだわけじゃないから気が合わなかったり好きじゃない人間でもつながりを切ることができないけど、友達だったら自分で誰と付き合うかを選ぶことができる。

「結婚して家族を作る」という前段階に恋愛があるけれど、最近はあんまり恋愛もする気にならない。もともとあんまり得意なほうじゃないし、なんかそういうのに疲れてしまった。

ニートになったらモテないって言っている人がいるけど、別にそうとは限らない。恋人のいるニートはたくさんいる。ニートでお金がないと結婚は難しいかもしれないが、恋愛関係はお金とかに関係なく人間が集まっていると自然に生まれてしまうものだ。自分に収入がなくても、ヒモだとか専業主婦・主夫だとかになる人もいるし。でもまあ多分、自分は恋愛関係のような他人と長期間一緒にやっていくことに向いていない。学校や社会に適応できなかったのと同じように。だからもういいや。

子供も別に欲しいと思わない。子供が嫌いなわけじゃないけど、子育ては金銭的にも体力的にも大変そうだし、多大なリソースを割いて自分で育てたいというほどじゃない。友達の子供とかとたまに遊んだりしていればそれでいいかなと思う。

まあ、僕は子供とか結婚に対する欲求がないからいいんだけど、やっぱりニートになるなら、よっぽど資産があるとか稼いでいるパートナーを捕まえるとかじゃない限り、結婚とか子供とかは諦めないといけないだろう。

結婚したくはないし恋愛にも遠ざかっているけれど性欲はある。30歳を過ぎて昔よりマイルドになりつつあるけど。でもセックスしたい気持ちはあるけど、女の子と付き合ったり話をしたり感情のやりとりをしたり、そういう時間や気力を使うのは面倒臭い。だからもうオナニーしていればいいかなーって感じになってる。

ＴＥＮＧＡというデザインがスマートなオナホールがあって、安いのは五百円、標準タイプでも千円くらいで買えるんだけど、それをアマゾンのほしい物リストに登録していると、ブログの読者の人がときどきアマゾン経由でポチッと贈ってくれるので、それをありがたく使わせてもらっている。もうそんな感じでいいかなと思う。

ニートのサイクル

しかし、ずっと働きたくないって言っていたけれど、気づいたら最近の僕はあんまりニートっぽくない。わりといろいろやることがあって忙しい。例えば、ニートについて話したり書いたりする仕事が定期的にくる（この本を書いているのもそうだ）。

僕は冗談で適当に「日本一のニートを目指す」ってブログに書いていたんだけど、ニートという肩書きは追求すればするほど、突出したニートだという理由で仕事がきてしまい、逆にニートから遠ざかってしまうところがある。純粋な日本一のニートになるのは難しい。

他にも、ギークハウスというシェアハウスをやっているので、シェアハウスを作りたいって人の相談によく乗ったりしている。あとブログを書いたり、趣味でプログラミングをしたり、飲み会を企画したり、友達のイベントの準備を手伝ったりとか、お金にならないことばっかりだけど結構やることがいっぱいあって大変だ。

最近はだるいから全部放り出して東南アジアでも放浪したいとかよく思っている。でも全部自分が始めたことだし、全部好きなことと言えば好きなことだし、仕方ないからまだもうちょっと付き合うか、と思って今のところなんとかこなしている。まあ忙しいと言っても、毎日八時間か九時間は寝ているし、一日七時間くらいはゴロゴロ寝転がっているし、世間一般の社会人ほどではないんだけど。


そんな自分が忙しいのと対照的に、いつの間にか自分の周りには本当に暇そうでだるそうなニートが集まるようになった。僕より若くて、僕よりだらだらしていて、僕よりお金がない人たち。まるで昔の自分を見ているようだ。僕も貧乏だけどまだ僕のほうがお金に余裕があるので、たまにメシをおごったり、着ない服をあげたりするようにしている。

そういう人たちにメシをおごったりしていて思ったんだけど、アスリートがそのうち現役を退いてコーチになるみたいに、ニートもそのうち現役を退いて、現役のニートを支援する側に回るものなのかもしれない。

一人の人間がニートの一線に留まることができる期間は短い。僕もそろそろ支援する側に回るのかもしれない。この本を書くという作業も支援しているようなものだし。ニートが時間が経つにつれてニートを支える側に回り、そしてまた新たなニートが生まれていく、というサイクルが世界では回っているのかもしれないと思う。

みんな生まれたときはニートだった

そのサイクルは、一般的には家族というシステムの中で行われていることだろう。赤ん坊が育てられ、大人になって働き、老人になって隠居する。僕はそれがインターネットやシェアハウスのコミュニティの中で行われてもいいんじゃないかと思い始めている。

そもそもみんな生まれたときはニートだし、死ぬときも大体ニートだ。人間は、人生の最初と最後を除いた真ん中の一部分を働いているにすぎない。家族の中に赤ん坊や老人など働いていない人がいるときは、働いている人がそれを支えている。コミュニティの中に一定数ニートがいることは自然で健全なことだ。

ニートがある程度いても支え合ってなんとか生きていけるように、いろんなところに小さなコミュニティができればいいなと思う。仕事がなくてお金もなくて若くなくてものんびり過ごせるようなシステムを作りたい。とりあえず自分がそこで気楽に暮らすために。

でも正直、自分が二十年後や三十年後にどうなっているか分からない。お金がなく体も悪くなってとても惨めな生活を送っている可能性も高い。でもすごく惨めな老後を過ごしたとしても、多分後悔はしないと思う。結局若いときの自分にはそういう選択しかできなかったのだから。若いうちにいろいろ好き勝手な楽しいことをできたし、もう人生なんてそれで十分じゃないだろうか。

子供を作ったり育てたりする欲求がないせいかもしれないけれど、30歳くらいで既に僕は人生でやりたいことは一通りやってしまったという思いがある。セックスもしたし海外にも住んだし美味しいものも食べた。たくさん本も読んだし音楽も聴いたし猫も飼った。いろんなことを考えたしいろんな景色を見た。もちろん楽しいことは何回やっても楽しいんだけど、一度は死ぬ前にやっとかなきゃ後悔する、というのはもうない。このあと人生がどんどん下り坂になったとしても特に未練はないと思う。いい人生だった。

あとがき

窓の外が明るくなってきた。時計を見るともう午前5時だ。最近はこの本の原稿ばかり書いてたんだけど、僕は夜になると調子が出るタイプだし、調子が出てくると寝るのが惜しくなるので、睡眠時間がどんどん後ろにずれこんですっかり昼夜逆転してしまった。一日の予定のないニートでもやっぱり日の出ている時間に起きているほうが快適だ。明るいし、暖かいし、店も開いているし。まあ、夜中や明け方に、誰もいない街を一人で散歩するのもとても好きなんだけど。

リビングでは遊びに来た友達のニートが三人眠っている。PS3でずっとスカイリムというゲームをやっていたようだ。僕の住んでいる家では一ヵ月ごとくらいに流行っているものが変わって、先月はドミニオンというカードゲームばかりやっていたし、その前はスパ4という格ゲーばかりやっていた。部屋があまりにも散らかっているので放置されたお菓子の空き袋やコンビニのビニール袋をゴミ箱に捨て、猫のトイレの掃除をした。小腹が空いたのでうどんでも茹でようかな。

自分のことをニートだとか言ってたけど、この本のためにたくさん文章を書いてしまった。すっかり働いてしまった。疲れた。文章を書くのは好きなので書いている間はそれなりに楽しかったけれど、あまり頑張りすぎると死ぬので、この本が出た後はしばらく隠遁してロクなことを何もせずに本格的にだらだら過ごそうと思う。寝たいだけ寝たり、意味もなく電車に乗ったり、昼間からファミレスでダウナーな話をしたり、ひたすらインターネットを見続けたりとか。

仕事を辞めてから五年、自分が考えたことを全て絞り尽くしてしまった感がある。でも僕が考えたことも僕がオリジナルで創り出したものではなく、今までに見たり聞いたり読んだりしたものに影響を受けてそれらが交じり合ったものだ。だからこの本をきっかけにして僕が好きないろんな世界や知識体系に興味を持ってもらえたらいいなと思って、この本の中ではできるだけ多く外部の情報（本やサイトなど）へのリンクを盛り込むようにした。よかったらいろいろ読んでみてください。

これが終わった後何をするかは全然決めていない。印税で余裕綽々の生活とか送ってみたいけど、どうせそんなに売れるわけがない。せいぜい数千部くらい出てお金が数十万入るくらいだ。書くのに半年かけて数十万の収入だとコンビニでバイトでもやっていたほうが稼げる。滞納してる保険などを払ったり歯医者に行ったりしたら半分くらい消えてしまうだろう。でもまあ、一回くらいは焼肉でも食べに行こう。この本を書くのに協力してくれた周りのニートたちに肉でもおごろう。

本当にこれから何しようかなー。何も考えていない。

物価の安い国にでも行って貧乏ニート生活でも送ろうかな。タイとかベトナムは暖かいしごはんが美味しいし。誰も気づかないやり方でいきなり日本から消えて、二年くらいして突然ふらっと帰ってくるとかやりたい。

まあ、のんびり考えよう。時間はある。まだ何年か何十年か人生は残っている。たぶん。

この本を書くにあたってお世話になった編集の細谷謙吾さん、坂井直美さん、ブックデザインの小川純さん、イラストのレザイ美樹さん、DTPの安達恵美子さん、あと、本の制作を応援してくれたインターネットのみなさん、本当にありがとうございました。

あ、この本の中に収まらなかった文章や、追加で書いた文章が、インターネット上の特設サイトでボーナストラックとして読めるようになっています。そこのコンテンツは誰でも無料で読めるようにしてあるのでよかったらどうぞ。

http://text.pha22.net/neetest.html

あー、たくさん文字を書いたので本当に疲れた。それではまた、インターネットで、もしくは現実世界のどこかで。

二〇一二年七月

都内某所のギークハウスより

ギークハウス板橋本町、FisB(ふるーつ　ぶれいかー) ユキ、忍者さん、smooth@マインドマップ的読書感想文、210プロダクション、佐藤誠一、将棋観戦記、DARKのここだよっと、usksato、ゾニッシュ、株式会社シプードのコワーキングcolormell(カラメル)、kondonator、永川優樹@"WORLD - CRUISE"、原田慶一、ゆで社、ルームシェア ジャパン、ギークハウス新潟、池田健太郎、kohex、高松征賢、bowo、Taku Kawano、masatanz、@a2ps、稲垣浩太郎（ちろう）、suchi、matoyu、松山先斗、Hiroshi Kumazaki、師匠@ハイパーメディアデベロッパー、久保坂祐士、本田裕幸、小原澤康太、bonar、Taku Kodama、umiyosh、蓮池林太郎、jssei、中川康雄、Ryuta Suetsugu、mochy、山下健太郎、閑歳孝子、yu10pia、大西祥太、小出俊夫、GEEKS Inc.、HolyGrail、Lian、さとう、山本康浩、ハラショー、福田大介、中年ニートデビューmidoridou、是永翔太、モハヨナオ、shubot、titler、wataradio、鈴木雄太、小室洋介、荒川智則、平田朋義、はやしのメモ帳、三上洋樹、ヅータカ、超絶女神サチボルタ、白田清子、このまま眠りつづけて死ぬ、uzulla、小西会計事務所、ちよ、佐藤誠一、j-yokoyama、荒川智則、ColdSleep、沓掛二圃、uribo2005、中島裕介、ジャニトモ、CHEEBOW、gastaro、ucchan27、近藤佑子、増井健人、今日の会議の資料です。、たけ（@take_it02)、あれっくす、chaly、ZAPA、100% Pure NEET、有限会社オアゾ、江島健太郎、匿名希望、もりぞお海外就職塾、しーた、速水鮮、Kairi、フダンヅカイ、ニートを舐めるなよ!、mashiro、鍋島永道、inamiy、bonu、yuichibass、Yuichi Ikeda、中西哲士、ニートも英語学習ソフトとか作る、seita05、はまちや2、荒川智則、mego、deeeki、浅野紀予、Hidehiro Nagatani、NEETのひとりでできるもん!!!、平谷憲志、徳力基彦、株式会社ハートレイルズ、quill3、ウェイヤン、フロッグ・フロッガー・フロッゲスト、935、Ideal Books、ドグマ出版、mayuK、ナルカミ、ゆとりさとる、向後貴紀、terentech、saisa6513、Takuro Hishikawa、大原正嵩、ゆるくいきたい、nagayama、Captain34、やまだまさゆき、デリヘル美、薪坂史柳、山野ヒロカズ、かじ、shell82、マルムギコウジ、SAA、owl226、立山博人、tks、吉田俊文、荒川智則、haruwo404、竹中雅幸、ニートスズキ、トジコ、masatanz、高円寺コワーキングスペース こけむさズ、bullotus、引越し料金相場.com、就活SWOT、石山直美、くろしろく、ビリジアン、collie、内田聖良、TASK39、とあるサイトプロデューサー、今里ルーザー、赤木優理、増田貴士、藤井星多、tomoya、Tomonori Arakawa、oden、渡辺愛、Junki Mogi、naggg、加藤敏之、tamanegi1024、戸田泰史、小川卓、kadoishi、らうぴ、中村和広、温泉たまご、朝夷剛士、Manami Yamamoto、斉藤裕介、株式会社 自宅警備、ninnin631、荒川智則、さくらいま、モリレイ、niryuu、NA_geek、左右、えむぬふ、荒川智則

SPECIAL THANKS TO INTERNET

この『ニートの歩き方』という本を作る過程では、いろんな面でインターネットの力に助けていただきました。

77 ページでも紹介したクラウドファンディングの「CAMPFIRE」で本の制作を応援してくれるパトロンを募集したところ、多数の方々に支援していただくことができました（http://camp-fire.jp/projects/view/279）。パトロンの方々にはできあがった本書のプレゼントや、pha のお薦め本のプレゼント、質問や相談への回答や、リクエストされたテーマでのエッセイの執筆など、いろんな形でお礼をさせていただいています。

他にも、Facebook の書籍執筆用コミュニティで意見をくれた方々、ネットに公開した本書の草稿を読んで感想をくれた方々、疲れているときやだるいときに Twitter や Skype や Lingr などで励ましのメッセージをくれた方々、本当にありがとうございます。この本ができたきっかけは僕がブログで自分の考えていることを書き始めていろいろ反響をもらったことだし、インターネットがなかったらこの本は生まれていなかったと思います。インターネットのみなさん、そしてインターネットというシステムそのものに謝辞を捧げたいと思います。ありがとうございました。

右ページは、CAMPFIRE で支援してくれた方を中心に、ネットで支援してくださった方々のお名前です（敬称略）。

著者プロフィール

pha（ファ）

1978年生まれ。京都大学総合人間学部に入学するも、オンボロ学生寮に入ったことで足を踏み外す。大学を6年かけて卒業し、社内ニート的なサラリーマンを3年くらい続けたあと、2007年にTwitterとプログラミングに出会ったのをきっかけに会社を辞め、それからは定職に就かずにふらふら過ごしている。ブログ（http://d.hatena.ne.jp/pha/）は月間5万〜10万のページビューを持つ。パソコンやネットが好きな人が集まって暮らすシェアハウス「ギークハウスプロジェクト」発起人。Twitter Bot作成スクリプト「EasyBotter」作者。できるだけ働かずに生きていきたいです。 http://pha22.net/

ブックデザイン：小川 純（オガワデザイン）
カバー・本文イラスト：レザイ美樹
組版：安達 恵美子
編集：坂井 直美、細谷 謙吾（Software Design編集部）

ニートの歩《ある》き方《かた》
――お金《かね》がなくても楽《たの》しく《く》暮らすためのインターネット活用法《かつようほう》

2012年　9月　1日　初版　第1刷発行
2020年　12月 31日　初版　第7刷発行

著　　者　pha
発 行 者　片岡　巌
発 行 所　株式会社技術評論社
　　　　　東京都新宿区市谷左内町21-13
　　　　　電話　03-3513-6150　販売促進部
　　　　　　　　03-3513-6170　第一編集部
印刷・製本　港北出版印刷株式会社

ISBN978-4-7741-5224-0 C3036
Printed in Japan